„Ein ungerechtes Gesetz ist gar kein Gesetz"
Thomas Aquin

Titelbilder: Portal der Klosterkirche in Werne, St. Christophorus in der Pfarrkirche (Ausschnitt), Karikatur „Zwischen Berlin und Rom" (aus dem Kladeradatsch 1875)

Zug um Zug

Wernes Katholiken im
Machtspiel zwischen
Berlin und Rom
Karl-Heinz Schwarze

Bibliografische Information der Deutschen Nationalbibliothek: Die Deutsche Nationalbibliothek verzeichnet diese Publikation in der Deutschen Nationalbibliografie; detaillierte bibliografische Daten sind im Internet über http://dnb.dnb.de abrufbar.
© 2021 Karl-Heinz Schwarze
weitere Mitwirkende: Dr. Anke Barbara Schwarze
Herstellung und Verlag: BoD – Books on Demand, Norderstedt
ISBN: 978-3-7543-0641-3

Inhalt

Vorwort

Der Kulturkampf, ein Machtspiel zwischen Staat und katholischer Kirche, betraf und bewegte die Empfindungen der Katholiken in Deutschland, vor allem im Königreich Preußen, in den letzten Jahrzehnten des 19. Jahrhunderts wie kein anderes Ereignis. Der Berliner Anatom und Abgeordnete der Fortschrittspartei, Rudolf Virchow, hatte den Begriff „Kulturkampf" eingeführt. Er wurde von der liberalen Presse begeistert als Kampfbegriff aufgenommen, von der katholischen Presse verspottet.

Die Kleinstadt Werne war besonders betroffen von der Auseinandersetzung zwischen Berlin und Rom, zwischen Bismarck und Pius IX. Der Konflikt, vom Reichskanzler Otto von Bismarck ausgelöst, fand weltweit so großes Interesse, dass der Begriff „Kulturkampf" in anderen Sprachen zum Fremdwort wurde (s. Morsey, 2000, S.6). Die bedrängten Bischöfe, Priester und auch das katholische Volk erhielten massenweise Sympathie- und Solidaritätsbekundungen aus zahlreichen Ländern, vor allem aus Belgien, aus den Niederlanden, aus England, aus Frankreich und aus den USA. Aus England, Österreich und den USA trafen viele Spenden für die Priester ein, denen der „Brotkorb" entzogen war. Deutschsprachige Zeitungen wurden vor allem aus Luxemburg und den USA geschickt. Diese hoben den Informationsstand der katholischen Amtsträger und des Volkes sehr; denn die katholische Presse litt stark unter der staatlichen Zensur. Die Kritik am Kulturkampf im Ausland war so groß, dass die Alliierten diesen noch im Ersten Weltkrieg als Propagandainstrument gegen Deutschland einsetzten (s. Strötz, 2005, S.316).

Der Kampf hatte weitreichende Folgen. Bismarck konnte durch das Bündnis mit den liberalen Parteien eine weitere parlamentarische Demokratisierung des konstitutionellen Kaiserreiches verhindern. Die Katholiken im Kaiserreich schotteten sich in einer Lagermentalität gesellschaftlich ab. Da sie von Bismarck und den liberalen Parteien immer wieder als „Reichsfeinde" und als „staatsgefährlich" diffamiert worden waren, bemühten sie sich andererseits nach dem Ende des

Kulturkampfes darum, ihre Staatstreue zu beweisen. Dies trug auch dazu bei, dass das Zentrum, die Partei der Katholiken, dem Ermächtigungsgesetz zustimmte, der Grundlage für Hitlers Machtergreifung.

Für die katholische Kirche bewirkte der politische Druck des Staates und der liberalen Gegner, dass die dogmatische Fixierung und die Zentralisierung der katholischen Kirche durch Pius IX. sich langfristig verfestigte. Pius IX. hatte den Katholizismus ganz auf Rom ausgerichtet. Zahlreiche Strömungen im Katholizismus hatte er als unkatholisch eingestuft (s. dazu Wolf, 2020, S. 3, 45, 70, 120). Erst Papst Johannes XXIII. erstrebte eine Erneuerung der Kirche im Sinne einer Anpassung an die moderne Welt. Das Zweite Vatikanische Konzil beauftragte er 1962, die Kirche durch eine Reform in die neue Zeit zu führen. Das Konzil benannte einige Leitsätze in bewusstem Gegensatz zu Ideen Pius' IX. Die christliche Wahrheit sollte durch Dialog ausgesagt, die Kollegialität des Episkopats betont werden, dogmatische Sätze im Sinne ihrer Orientierung auf das Verständnis des gegenwärtigen Zeitalters aktualisiert werden. Das Konzil legte gezielt den Schwerpunkt auf die humane Botschaft des Neuen Testamentes. Trotz der umfassenden Reformen wirken die starken Spannungen zwischen Reform und Beharren innerhalb des Katholizismus auch nach dem Zweiten Vatikanum bis heute.

Das Buch basiert auf Arbeiten zu mehreren Schriften in verschiedenen Printmedien. Der Stoff ist neu konzipiert, teils erweitert und ergänzt unter Berücksichtigung neuerer Literatur.

Herzlich danke ich meiner Frau, Brigitte Schwarze, für das intensive Korrekturlesen und für vielfache sonstige Unterstützung.

Eröffnung: Die Fahndung nach dem Kapuziner-Pater Chrysostomus

Am 18. April 1874 hat die preußische Präsidialbehörde in Münster bei der Staatsanwaltschaft gegen den Kapuzinerpater Chrysostomus Branze ein Strafverfahren beantragt.[1] Aufgrund dessen erreicht den Bürgermeister in Werne, Bernard Thiers, am 24. April 1874 eine Suchaufforderung des Landratsamtes aus Lüdinghausen. Werne ist damals Teil des Landkreises Lüdinghausen im Königreich Preußen. Der Landratsamtsverwalter, Graf Johann Wilhelm von Wedel, erbittet in einem mit „Vertraulich!" gekennzeichneten und versiegelten Amtsbrief, dass Bericht über den Aufenthaltsort des Kapuzinerpaters Branze erstattet werde. Landrat und Bürgermeister sind im preußischen Königreich auch die Polizeichefs für Landkreis bzw. Stadt. Der

Das Kapuzinerkloster: Blick von Süden auf Pesthaus, Chor und Konventgebäude

1 SA, LRLü 1115, 18./ 24./ 4. u. 10./ 12./ 20./ 5. 1874.

Werner Bürgermeister meldet nun pflichtgemäß, dass ein Branze „unter dem Klosternamen ,Chrysostomus' dem hiesigen Kloster" angehöre.

Es lässt aufhorchen, dass ein Kapuzinerpater polizeilich gesucht wird, weil er – so heißt es in der Suchmeldung – „gesetzwidrig" gehandelt hat. Noch erstaunlicher klingt es, wenn man beim Weiterlesen in

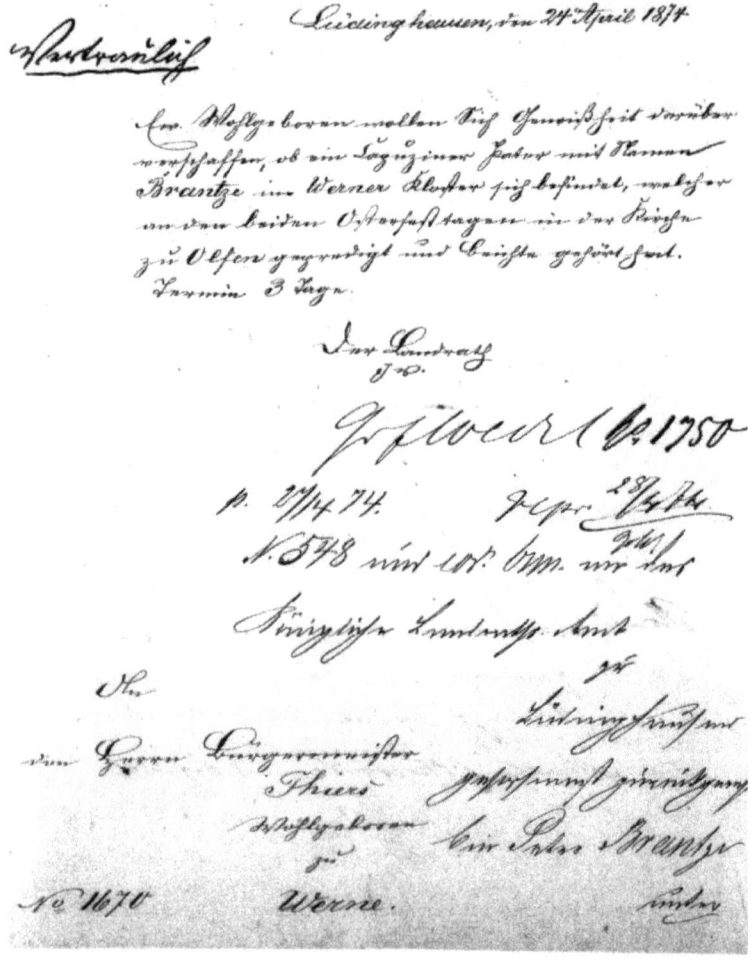

Fahndung nach dem Kapuzinerpater Chrysostomus

anderen Quellen erfährt, dass die Straftat des Paters darin bestanden habe, dass er in Olfen „gesetzwidrig" aushilfsweise die Heilige Messe gelesen, gepredigt und Beichte gehört hat. Messen zu zelebrieren, genau das sieht Pater Chrysostomus als seine Lebensaufgabe an. „Seelsorge" ist sein Amt, das ihm vom Kapuziner-Orden und vom Bischof in Münster übertragen worden ist. Seine Berufung ist „Seelsorge", so steht es unter der Rubrik „Tätigkeit" in einer Liste der Klosterinsassen zu Werne.[2] Schon mit der Wahl des Namens „Chrysostomus" beim Eintritt in den Kapuzinerorden hat sich Branze einem Ideal des Ordens, missionarischer Prediger zu sein, verschrieben. Sein Namenspatron, der Heilige Chrysostomos, Patriarch von Konstantinopel von 398 bis 403 n. Chr., war einer der bedeutendsten Prediger in der Geschichte der Kirche. Beim Eintritt ins Kloster im Jahre 1860 hatte Branze noch nicht ahnen können, dass er auch in einem anderen Verhalten seinem berühmten Vorbild folgen werde, und zwar im Konflikt mit der Staatsgewalt. Der heilige Chrysostomos wurde als Patriarch im Jahre 403 abgesetzt und verbannt, weil er durch seine freimütigen und sittenstrengen Predigten den Unwillen des Kaisers und der Kaiserin in Konstantinopel erregt hatte.

Ein Machtspiel zwischen Papst Pius IX. und Reichskanzler Otto von Bismarck

Es wird für viele Kapuziner in dieser Zeit zu einem strafbaren Vergehen, die Seelsorge in der Umgebung Wernes auszuüben. Wir befinden uns im Jahre 1874. Es ist die Zeit des Kulturkampfes. Staat und liberale Parteien auf der einen Seite und katholische Kirche auf der anderen stehen in erbitterter Feindschaft einander gegenüber. Otto von Bismarck, Reichskanzler des Deutschen Kaiserreiches und

---

2 StAWe, C II 518, C VII 147/148.

Ministerpräsident des Königreichs Preußen, verkörpert die Speerspitze des antikirchlichen Kampfes.[3]

Für Bismarck hat die monarchische Staatsautorität völligen Vorrang. Nach seiner Auffassung werde diese nun durch den Papst, also durch eine ausländische Macht, eingeschränkt. Dieser fremden Macht seien die deutschen Katholiken treu. Das vorrangige Ziel Bismarcks ist es somit, die deutschen Katholiken entgegen ihrer bisherigen kirchentreuen Haltung zu treuen Untertanen des preußischen Monarchen in Berlin zu machen. Als Ziel schwebt ihm eine Art Staatskirche vor.

Die monarchische Staatsautorität wird in Bismarcks Augen auch vor allem durch das Zentrum eingeschränkt. Das Zentrum ist die politische Partei, die vehement die Interessen der katholischen

Reichskanzler Bismarck und Papst Pius IX. im Machtspiel. Karikatur von 1875. Das Klostergesetz als drastische Maßnahme ist mitten auf dem Schachbrett deutlich hervorgehoben.

---

3 Zum histor. Hintergrund s. Morsey, S. 7-30.

Bevölkerung vertritt. Nach Bismarck mache das Zentrum gemeinsame Sache mit „Reichsfeinden"[4]. Nach der Reichsgründung am 1. Januar 1871 setzt sich in Bismarck die Furcht fest, dieses neu geschaffene Deutsche Reich könne von innen und außen zerstört werden.

Es ist zu erwarten, dass die Kirche heftig reagiert. Papst Pius IX. betont in einem Brief an Wilhelm I., den deutschen Kaiser und preußischen König, jeder getaufte Katholik gehöre ihm, dem Papst, an.[5] Pius IX., Papst seit 1846, führt den Konflikt rigoros. Er ist konservativ, beseelt von dogmatischer Glaubensstrenge und vertritt hartnäckig die Macht der Kurie und die Hierarchie der Kirche. Er ist antidemokratisch und sieht in der liberalen Bewegung eine große Gefahr für die Kirche.[6]

Mit der Enzyklika „Quanta Cura" hat er 1864 seine Positionen veröffentlicht. In einer Auflistung von 80 Hauptirrtümern des Jahrhunderts (Syllabus Errorum) verdammt er den Liberalismus und alle Tendenzen der modernen Welt. Auf dem 1. Vatikanischen Konzil 1870 wird das Unfehlbarkeitsdogma beschlossen und verkündet, das von den Liberalen als Kampfansage gegen moderne Wissenschaft und Kultur verstanden wird.

Papst Pius IX. an der Spitze der Katholische Kirche hatte mit dem Syllabus Errorum und dem Unfehlbarkeitsdogma den universalen absoluten Machtanspruch der Kirche verfestigt gegen Demokratie und Moderne. Die harte Haltung Pius' IX. ist auch eine Reaktion auf die rigorose antikatholische Einstellung des Liberalismus.[7] Seit die Jakobiner in der Französischen Revolution einen „Kreuzzug" gegen die Kirche geführt hatten, sahen Kirchenvertreter im Liberalismus und im Sozialismus eine große Gefahr.

---

4 Morsey, S. 7.
5 Franz, S. 235.
6 Siehe Nipperdey, S. 325.
7 siehe Clark S. 651.

Bismarck benutzt die Aktionen des Papstes, um „den Kulturkampf vom Zaun zu brechen und die deutschen Katholiken als fünfte Kolonne Roms und vaterlandslose Gesellen zu diffamieren"[8]. Er hat dazu eine große Machtfülle. Nicht nur, dass er Gott um Rat fragt und für gewöhnlich feststellt, dass Gott sich seiner Meinung angeschlossen habe, wie es ein Kritiker ätzend formuliert.[9] Das Deutsche Kaiserreich ist eine konstitutionelle Monarchie. Bismarck ist nicht von den Parlamenten abhängig, vielmehr wird er vom Kaiser ernannt, ihm ist er verantwortlich. Nur von dem kann er abgesetzt werden, und Kaiser Wilhelm I. lässt ihm weitgehend freie Hand. Beide Parlamente, Reichstag und Preußisches Abgeordnetenhaus, besitzen auch nicht die Gesetzesinitiative. Allerdings benötigt der Kanzler für die Gesetzesvorlagen eine Mehrheit. Im Kulturkampf findet er die bei den liberalen Parteien.

Reichskanzler Otto von Bismarck   *Papst Pius IX.*

8 Wolf, S. 31, siehe auch S. 138, S. 3.
9 Zit. nach Clark, Preußen, S. 653.

Für diese und die liberale Öffentlichkeit stellt die katholische Kirche damals ein Feindbild dar. Sie sehen sie als Hemmschuh auf dem Weg in ein industrielles Paradies.[10] Ein Flügel des Linksliberalismus bekämpft die Religion an sich; der Rechtsliberalismus erstrebt eine Art unabhängige Nationalkirche. Das katholische Volk müsse von seinen „Verführern", Priestern, Bischöfen und Papst, getrennt werden, so formuliert es die liberale Presse. Die Kirche mache ihre Gläubigen „unfrei, abhängig, schwach und hündisch"[11]. Die liberalen Parteien sind in ihrem Kampf gegen die Kirche ein recht enges Bündnis mit Bismarck eingegangen. Ihr Ziel ist es, die Katholiken mit politischem Zwang vom Papst zu lösen. „Los von Rom" wird die gemeinsame politische Kampfparole der beiden ungleichen Bündnispartner.

Vor allem vor Wahlen eine polemisch geführte Auseinandersetzung in Presse und Literatur

Die wichtigsten Mittel im Kampf gegen die katholische Kirche sind Gesetze eines autoritären Machtstaates. Diese Gesetze werden im Preußischen Abgeordnetenhaus und im deutschen Reichstag beschlossen. In beiden Parlamenten haben die liberalen Abgeordneten die Mehrheit.

Vor den Wahlen zum Reichstag und zum Preußischen Abgeordnetenhaus befehden sich die Gegner äußerst heftig. Liberale Zeitungen greifen das Zentrum und dessen Führer diffamierend an: „Mit solchem Gesindel muss man sich herumschlagen", „Man höre das „Zischen der Nattern Windthorst und Mallinckrodt"[12], „ein Kampf ist nötig gegen das schwarze Gewürm"[13]. Es müsse verhindert werden, dass

---

10 Siehe Morsey und Blackbourn.
11 Blackbourn, S. 23f.
12 StAMS, Merkur, 21.1.1874.
13 BAM, Sonntags-Blatt, 32. Jg. MS 1873, S.582.

„die Herrschaft der Hierarchie der Kirche ... die Staatsordnung unter ihre Leitung"[14] stelle. Die polemische Sprache verdeutlicht, dass die Liberalen die Auseinandersetzung unerbittlich betreiben.

Der „Westfälische Merkur", die damals wichtigste und traditionsreichste Zeitung des Münsterlandes, sogar ganz Westfalens, ebenso der „Münsterische Anzeiger" reagieren „schroff" und „kühn" für die katholische Seite[15]. Das Vokabular der liberalen Presse und der liberalen Politiker sei perfide, es sei die Sprache der „Hölle und des Tollhauses"[16], bestimmt durch „Lüge und Heuchelei"[17]. Man speie „Gift und Galle". Die Liberalen führten „einen unversöhnlichen Kampf gegen die katholische Kirche", um diese zu vernichten[18]. Der Liberalismus versinke im Sumpf des byzantinischen „Servilismus".

Dieser Vorwurf beinhaltet, dass die liberalen Parteien die Politik des autoritär regierenden Reichskanzlers und preußischen Ministerpräsidenten Otto von Bismarck unterstützten. Damit wird unterstellt, die Liberalen verrieten mit dieser angeblichen Untertänigkeit gegenüber der preußischen und der reichsdeutschen Regierung ihr ideales Ziel, freiheitliche Demokratie durchzusetzen. Die Liberalen begingen diesen Verrat an den eigenen Idealen nur, so lautet der Vorwurf der katholischen Presse, um die Kirche zu bekämpfen.

Für die Katholiken sind diese Zeitungen die Basis für die Teilnahme an den politischen Auseinandersetzungen. Die Presse wird in regelrechten Kampagnen fast schon mit modernen Mitteln der Massenbeeinflussung[19] als Instrument des Widerstandes genutzt.

In der öffentlichen Kontroverse spielt zudem vor allem vielgelesene zeitgenössische Literatur eine große Rolle. Gustav Freytags

---

14 Ficker, S. 285.
15 Massenkeil, S. 104.
16 StAMS, Merkur, 21. 1. 1874.
17 StAMS, Münsterischer Anzeiger, 30.8.1874.
18 StAMS, Merkur, 21.1.1874.
19 Weber, S. 38.

historische Romane erzielen Auflagenrekorde. Diese sind die Lieblingsbücher des national-liberalen Bildungsbürgertums in der zweiten

Diese Karikatur einer liberalen Satirezeitschrift suggeriert, dass eine Phalanx katholischer Priester mit den Wahlen zum Reichstag die Macht im Staat ergreifen wolle. Der Titel spielt an auf ein demagogisches Propagandalied "Die Wacht am Rhein", das vor dem „französischen Erbfeind" jenseits des Rheins warnt: Mit einem Wahlsieg der Priester bräche die Nacht herein.

Hälfte des 19. Jahrhunderts. Gustav Freytag ergreift in sehr polemischer Art Partei für die Liberalen gegen die katholische Kirche. Der Kulturkampf sei ein Kampf um „die Existenz des despotischen Papsttums, ... eine Schlacht zwischen Freien und Unfreien". In diesem Kampf stünden „hier der moderne nationale Staat, dort die mittelalterliche absolute Herrschaft über die Seelen der Christenheit" wie Licht und Finsternis, Himmel und Hölle einander gegenüber.[20]

Ein anderer berühmter Erfolgsautor, bis heute ein Lieblingsautor aller Deutschen über alle Konfessionsgrenzen hinweg, ergreift anfangs auf Druck seines Verlegers ebenfalls Partei gegen die Katholiken, Wilhelm Busch. In dem „Pater Filuzius" werden die Jesuiten verhöhnt. Doch vordergründige und polemische Kulturkampfrhetorik passt nicht zu Wilhelm Busch, der gerade ohne jede weltanschauliche Parteibindung kleine und große menschliche Schwächen aller Art mit subtilem Humor aufs Korn nimmt. Er hat sich schnell von solchen spitzen politischen Streitschriften wie dem „Pater Filuzius" distanziert. In der „Frommen Helene" kritisiert er sowohl religiöse Heuchelei und selbstgefällige Tugendhaftigkeit in der Gestalt der Helene wie überhebliche Rechthaberei und selbstgewissen Hochmut in der Gestalt vom „Vetter Franz", dem vehementen „liberalen" Gegner der katholischen Kirche.

> „Schweigen will ich von Lokalen,
> Wo der Böse nächtlich praßt,
> Wo im Kreis der Liberalen
> Man den Heil'gen Vater haßt."

---

20 BAM, Sonntags-Blatt, 1873, Jg. 39, 28. Sept., S. 630.

„Verteidigung des religiösen Lebens gegen staatliche Gewalt"

Gesetze bilden die Basis des Kampfes. Sie werden fast ausnahmslos im Preußischen Abgeordnetenhaus beschlossen. Da die ersten im Mai 1873 angenommen worden sind, werden sie „Maigesetze" genannt. Ein Jahr später im Mai 1874 und dann wieder im Mai 1875 werden sie mit weiteren Verboten und erheblichen Strafmaßnahmen verschärft. Insgesamt gibt es etwa 22 davon.

Die liberalen Parteien sind im preußischen Parlament durch das Zensuswahlrecht deutlich begünstigt. Die Nationalliberalen haben bei der Wahl im Jahre 1873 im Preußischen Abgeordnetenhaus in Berlin 175 Mandate, die linksliberale Fortschrittspartei 72 gewonnen. Damit haben sie von insgesamt 433 Sitzen in diesem Parlament mit 57 % die absolute Mehrheit. Somit können sie die Kulturkampfgesetze problemlos ohne weitere Koalitionen im Parlament durchbringen.

Die in den Parlamenten beschlossenen Gesetze unterstellen die katholische Kirche einem System staatlicher Aufsicht und Kontrolle. Eine sehr wichtige der zahlreichen Maßnahmen dieser „Zwangsgesetze" ist, dass jede priesterliche Stellenbesetzung vom Bischof den preußischen Behörden angezeigt und von den königlichen Beamten genehmigt werden muss. Die Ausbildung der Priester soll mit einem sogenannten staatlichen Kulturexamen vom Episkopat unabhängig und auf den Boden nationaler Bildung gestellt werden. Mit diesen Gesetzen will sich der Staat die Kontrolle über den Klerus bis hin zu Beförderungen sichern.

Die Verwirklichung dieser Gesetze würde die Zerstörung der römisch-katholischen Kirchenhierarchie bedeuten und eine Unterwerfung der Kirche unter die staatliche Aufsicht.[21] In einer stufenweisen Eskalation folgen weitere Maßnahmen: Die kirchliche Disziplinargewalt wird aufgehoben. Im Gegenzug erhält ein eigens geschaffener

---

21 Siehe Franz, S. 225.

königlicher Gerichtshof für kirchliche Angelegenheiten weitgehende Vollmachten. Der Austritt aus der Kirche wird erleichtert - es genügt eine Willenserklärung vor Gericht. Außerdem entzieht der Staat der Kirche die Schulaufsicht und die Aufgaben, die heute die Standesämter ausführen. In einer späteren Verschärfung wird vorgeschrieben, dass die Gemeinden ihren Priester wählen müssen.

Da die Selbstständigkeit und Hierarchie der Kirche mit fast allen dieser Maßnahmen zerschlagen werde, lehnen Papst, Bischöfe und Priester die Gesetze kategorisch ab. Sie bedeuteten die Aufhebung der Religions- und Gewissensfreiheit. Sie sehen in diesen Gesetzen einen „Vernichtungsfeldzug gegen kirchliches und religiöses Leben".

Diese Gesetze stehen nicht nur im schroffen Gegensatz zu liberalen Idealen, sie widersprechen außerdem den Traditionen des preußischen Staates, der lange Zeit für seine religiöse Toleranz in Europa als Vorbild galt.[22]

Für die Bischöfe wiegt von allen Maßnahmen am schwersten, dass der Staat über die Vorbildung und Anstellung der Geistlichen entscheiden soll. Gefordert werden nicht nur ein staatliches Kulturexamen und die staatliche Aufsicht über die Priesterausbildung. Vielmehr muss jede Neubesetzung beim Regierungspräsidenten angezeigt werden. Erst, nachdem die staatliche Erlaubnis eingegangen ist, dürfte ein Geistlicher sein neues Amt antreten. Die Bischöfe schreiben in einer Kollektiveingabe nach Berlin, dass sie die Gesetze nicht anerkennen könnten. Wie alle verweigert auch der Bischof von Münster, Johann Bernhard Brinkmann, die vom Gesetz vorgeschriebenen Verpflichtungen. In Hirtenbriefen rufen die Bischöfe offen zum passiven Widerstand gegen die Maigesetze auf. Werden Priester und Gläubige ihren Bischöfen folgen?

---

22 Strötz, S. 273.

Juristischer Lückenschluss und „gesetzwidriges" Handeln der Priester

Alle Priester, die nicht den neuen Geboten entsprechend angestellt sind, dürfen keine Messen lesen, keine Beichte hören, nicht predigen, keine Sterbesakramente austeilen, nicht taufen, keine Trauungen vornehmen, keinen Religionsunterricht erteilen und keine feierlichen Hochämter zelebrieren.

Bischof Johann Bernhard Brinkmann

Bei einem Verstoß gegen diese Gesetze droht ein umfassender Strafkatalog. Am Anfang stehen Androhungen von Strafen, dann Geld- und Haftstrafen, Vermögensbeschlagnahmung und Zwangsverwaltung. Die umfassendsten Strafen im Gesetz vom 4. Mai 1874 reichen von der Ortszuweisung über die Ortsausweisung bis zur Ausbürgerung und der Ausweisung aus dem preußischen Staat. Mit diesen harten Strafen soll der Klerus gefügig gemacht werden.[23]

Doch die Priester folgen ohne Einschränkungen ihren Bischöfen und lassen sich auch durch Androhungen, Verwarnungen, Anklagen, Prozesse und Verurteilungen nicht abschrecken, ihren pastoralen Verpflichtungen nachzukommen.

Aus Sicht der preußischen Behörden wären die Zwangsmaßnahmen weniger wirksam, wenn in den Gemeinden, in denen es aufgrund der Maigesetze keine oder zu wenige Priester gibt, durch die Ordenspriester Aushilfe geleistet würde. Daher wird durch ein Gesetz die Aushilfe in der Seelsorge verboten. In einem Dienstschreiben wird dem Bürgermeister in Werne mitgeteilt, dass „die kirchenpolitischen Gesetze" in allen Punkten auch für die Ordensgeistlichen Gültigkeit hätten.[24]

Pater Chrysostomus ist somit nach kirchlichem Recht als Priester für die Seelsorge in der gesamten Umgebung Wernes eingesetzt, nach staatlichem Recht aber darf er dieses Amt nicht ausüben. Außerhalb der engen Grenzen seines Klosters darf Pater Chrysostomus nun keine „Seelsorge" mehr „betreiben", weder in den Werner Bauerschaften noch in Olfen und Seppenrade.

Dieses Verbot, das den Kapuzinern jede Aushilfe in der Seelsorge untersagt, bedeutet für die große St. Christophorus-Gemeinde in Werne, die größte im Kreis Lüdinghausen, eine besondere Erschwernis. Denn Werne ist von den Kulturkampfmaßnahmen hart betroffen.

---

23 Siehe Scholle, S. 271.
24 StAWe, D IV 490, 31.12.1873.

Pfarrdechant Heinrich Overhage ist am 23. November 1873 verstorben. Über seinen Tod herrscht in Werne tiefe Trauer, denn die „Pfarreingesessenen" haben große „Anhänglichkeit und Liebe in den Herzen … gegen den greisen Pfarrdechanten [empfunden]"[25]. Äußeres

Pfarrdechant Heinrich Overhage, seit 1837 Priester und seit 1848 Pfarrdechant an der St. Christophorus-Gemeinde in Werne. Das Kreuz am dunkelvioletten Band ist ein Zeichen seiner Würde als Ehrendomherr des Bistums Münster

25 BAM, Sonntags-Blatt 1873, Jahrg. 32, S. 298.

Zeichen dieser Anhänglichkeit ist eine großartige Feier, die die Werner Bürger noch am 1. Mai 1873 zum 25-jährigen Pfarrjubiläum Overhages ausgerichtet haben. Von immer „neuem Jubel", von prachtvoller Illumination, von Beflaggung in allen Straßen und auf allen Plätzen ist die Rede.[26]

Der Bischof von Münster, Johann Bernhard Brinkmann, setzt nun in Werne keinen neuen Pfarrdechanten ein, da dieser von den preußischen Behörden verfolgt und an der Ausübung seines Amtes gehindert werde. Der Bischof kann und will nicht die Anzeigepflicht befolgen und die Genehmigung der preußischen Behörden abwarten, wie es die Maigesetze vorschreiben. Damit widerspräche er seinem Gewissen und dem päpstlichen Gebot. Er verriete in seinen Augen die kirchlichen Rechte.

Bischof Bernhard Brinkmann ist davon überzeugt, dass er im Unterschied zu der sonst oft schwierigen Situation in anderen Gemeinden dem weiteren Geschehen in Werne gelassen entgegensehen kann; denn in Werne gibt es noch zwei amtierende Priester.

Die Stadt Werne gehört seit dem Jahre 1802 mit einer Unterbrechung von 1806 bis 1815 zum Königreich Preußen und mit diesem Königreich seit 1871 zum Deutschen Kaiserreich. Werne ist dem Kreis Lüdinghausen zugeteilt. Dieser Kreis ist Teil des Regierungsbezirks Münster in der preußischen Provinz Westfalen. Im Jahre 1871 hat Werne 4164 Einwohner. Davon leben 2048 in Werne Stadt und 2116 in Werne Land. Zu letzterem gehören Capelle, Stockum und die Bauerschaften. Fast alle Einwohner, über 95 Prozent, sind katholisch.

Zunächst scheinen sich die optimistischen Erwartungen des Bischofs auch zu erfüllen. Einige Zeit lang bleibt es in Werne im Kulturkampf weitgehend ruhig. Doch der Schein trügt. Denn die liberalen Politiker und die preußischen Behörden werden immer ungeduldiger, weil ihre

---

26 Ebenda.

24

bisherigen Maßnahmen im gesamten Staat Preußen weitgehend wirkungslos verpufft sind. Das liegt vor allem am passiven Widerstand und an den zahlreichen Ausflüchten der katholischen Gläubigen und des Klerus.

Schon im Januar 1874 haben die preußischen Behörden eine Verschärfung in der Anwendung der Kulturkampfgesetze verlangt[27]. Sie erlassen zum Beispiel eine Dienstanweisung, nach der alle Beamten, die sich bei der Ausführung der Kirchengesetze nicht „ganz aufmerksam zeigen, entsetzt werden" sollen[28]. Eine andere Verfügung verlangt Mitte Januar 1874, dass die Maigesetze „strengstens" beachtet werden müssten.[29] Doch gerade in der konsequenten Strafverfolgung

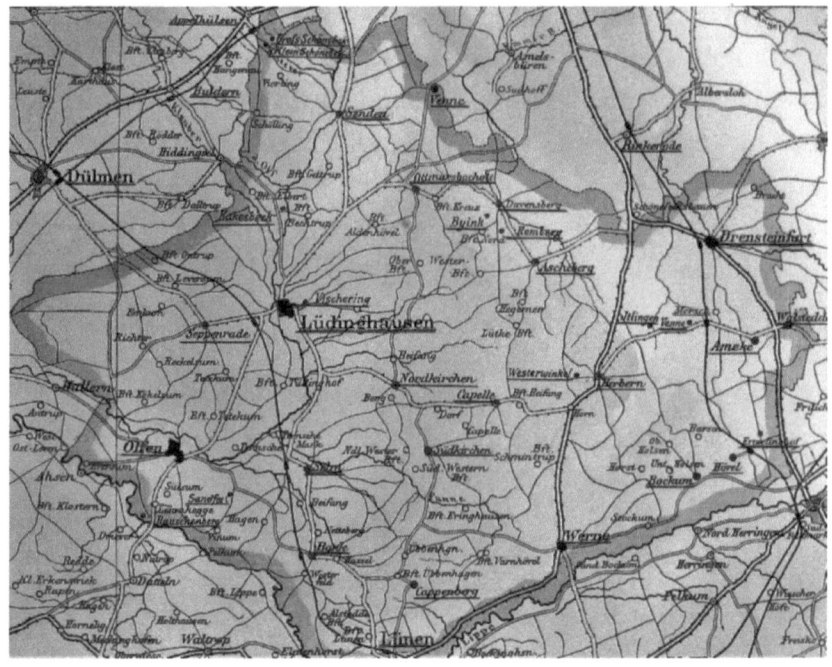

Kreis Lüdinghausen im 19. Jahrhundert

27 Siehe SA, LRLü 1115, 31.12.1873.
28 Sonntags-Blatt 1874, Jahrg. 33, S. 58; SA, LRLü 1115, 31.1.73ff.
29 Sonntags-Blatt 1874, Jahrg. 33, S. 25.

hat es in den bisherigen Maigesetzen Lücken gegeben. In einer neuen Welle von Kulturkampfgesetzen ab Mai 1874 werden diese Lücken geschlossen und Strafmöglichkeiten präzisiert und erweitert.

Für die Situation in Werne bedeutet vor allem zunächst das preußische Gesetz vom 4. Mai 1874 eine Verschärfung. Dieses Gesetz präzisiert „die Verhinderung der unbefugten Ausübung von Kirchenämtern". Es schreibt vor, dass bisherige Stellvertreter, d. h. Vikare oder Kapläne, ihr geistliches Amt nach dem Tod des Pfarrers nicht mehr ausüben dürfen, sofern sie nicht eine umfassende, ausdrückliche Amtserlaubnis vorweisen können[30]. Eine umfassende Amtsübertragung müsste, um gültig zu sein, vor den Maigesetzen und vor dem Tod des Pfarrers erstellt worden sein. Ansonsten ist diesen Priestern jede pastorale Tätigkeit verboten.

Die beiden nach dem Tod des Pfarrdechanten an der Christophorus-Gemeinde verbliebenen Priester, und zwar der Vikar Bernard Spithöver und der Kaplan Ludwig Anton Veltmann, sind nach Bewertung der preußischen Behörden nicht „den staatlichen Gesetzen gemäß" eingestellt. Das bedeutet bei einer konsequenten Anwendung der verschärfenden Gesetze vom Mai 1874, dass „die größte Gemeinde im Kreis Lüdinghausen" keinen einzigen Priester mehr hätte. Es herrschte ein völliger seelsorgerischer Notstand in der Gemeinde.

Bernard Christoph Spithöver ist am 10. Oktober 1839 in Sendenhorst als Sohn des Schuhmachers Bernhard Spithöver geboren. Am 12. März 1864 wird er zum Priester geweiht. Seit 1873 wirkt er als Kaplan in Werne. Er ist wie alle katholischen Priester gewillt, für Kirche, Papst und Bischof alle Schwierigkeiten zu erdulden. Spithöver ist von der Richtigkeit seines Tuns überzeugt und handelt in dem festen Glauben, dass er dazu beiträgt, die Freiheit der Kirche gegen einen ungerechten und autoritären Staat zu verteidigen. Wie alle betroffenen

---

30 Sonntags-Blatt 1875, Jahrg. 24, S. 63; siehe auch StAWe, D IV 501, 15.4.1875.

Geistlichen in der Diözese Münster missachten beide Priester der St. Christophorus-Gemeinde diese staatlichen Gesetze; denn diese widersprächen göttlichem Recht. Sie leisten passiven Widerstand und üben nun ihr Priesteramt „gesetzwidrig" aus.

Genau das hat Pater Chrysostomus in Olfen nach Einschätzung der preußischen Behörden auch getan. Olfen und Seppenrade liegen dem Pater besonders am Herzen. In Seppenrade ist er 1840 als Sohn des dortigen Lehrers geboren und ist auf den Namen Augustus getauft worden. In dieser großen Gemeinde gibt es zeitweise ebenfalls keinen „gesetzesgemäß" amtierenden Priester mehr. Einer sitzt in Haft, ein zweiter wird laut Gerichtsbeschluss des Landes verwiesen. Sie sind

Vikar Bernard Spihöver. Ausschnitt aus einem Bild des Cäciliengesangvereins. Nach 1875.

entgegen preußischen Gesetzen ihren geistlichen Amtspflichten nach-
gekommen.

Zugriff auf Kirchenbücher, Siegel und Pfarrvermögen

Wegen der Erfolglosigkeit der bisherigen Unternehmen haben die
Maigesetze 1874 noch weitere Verschärfungen erbracht. Eine gravie-
rende Maßnahme in der Kirchengemeinde Werne ist die Beschlag-
nahmung der Kirchenbücher und des Kirchensiegels. Der Bürgermeister muss die Geistlichen verwarnen und ihnen Strafen androhen
für den Fall, dass sie die Herausgabe der Kirchenbücher und des Siegels verweigern.[31] Eine Strafandrohung ist deswegen erforderlich,
weil mehrere Geistliche die Kirchenbücher und das Kirchensiegel
beiseite geschafft haben. Damit wollten sie diese der Beschlagnahme
entziehen. Diese Geistlichen werden u. a. wegen eines Verwahrungs-
bruches staatlichen Eigentums angeklagt.[32]
Zwei Besonderheiten in dieser Verfügung lassen aufhorchen: Die
„Haussuchung" beim Vikar Spithöver zur Sicherstellung der Kirchenbücher und des Siegels habe „früh morgens" zu beginnen. Zudem
seien „in nicht zu auffälliger Weise [dabei] zwei Gendarmen heran-
zuziehen". Diese beiden Polizisten würden von außerhalb nach Werne
beordert. Dies sei zur „… erforderlichen Aufrechterhaltung der öffentlichen Ruhe" nötig.[33] Offensichtlich rechnet die Behörde damit,
dass es in Werne größeren Widerstand der Bürger geben könnte.
Veltmann und Spithöver geben erst nach einigem Zögern aufgrund
des behördlichen Drucks Siegel und Kirchenbücher heraus. Der Bürgermeister Thiers hat sowohl Veltmann als auch den Kirchenvorstand
mehrfach zur Herausgabe aufgefordert. Er droht dabei,

---

31 StAWe, D IV 501, 21.5.1874.
32 Siehe Scholle, S. 239.
33 StAWe, CVIII 156, 31. 1. 1875.

„pflichtgemäß" wie er nachdrücklich betont, wiederholt strafrechtliche Folgen an. Als die Geistlichen schließlich die Beschlagnahme ermöglichen, protestieren sie gegen dieses Vorgehen und betonen ihren Rechtsstandpunkt.[34]

An anderen Orten hat es Widerstände gegeben. Ein Mitglied des Kirchenvorstandes in Seppenrade z. B. wird mit einem Bußgeld von 150 Reichsmark belegt, weil es den Schlüssel des Pfarrhauses nicht herausgegeben hat.[35]

Am 22. August 1874 wird als nächste Aktion das Vermögen der Pfarrdechanei beschlagnahmt und das Pfarrhaus verschlossen. Die preußische Genauigkeit zeigt sich zum Beispiel in der Anweisung an den Bürgermeister, dass das Pfarrhaus erst, „nach Exmission der derzeitigen Bewohner"[36] versiegelt werden dürfe. Erst nachdem alle Bewohner des Hauses verwiesen seien, so heißt es, könnten die Türen und Tore vernagelt werden.

Der Amtmann Neuhaus, Leiter des Amtes Ascheberg, hat sich geweigert, die Beschlagnahme des Vermögens der Kaplanei Ascheberg zu akzeptieren und im Auftrage des Staates die Verwaltung dieses Vermögens zu übernehmen. Er wird deswegen nach einem Disziplinarverfahren vom Dienst suspendiert. Der „Westfälische Merkur" stellt die Entscheidung des Ascheberger Amtmannes Neuhaus als beispielhaft heraus. Der habe lieber auf sein Amt und auf ein nicht unerhebliches Gehalt verzichtet, als seiner Religion und seiner Kirche die Treue zu brechen.[37]

Das Gesetz gestattet, falls nötig, ausdrücklich „Zwangsmaßregeln". Diese sind in Werne in diesem Fall offensichtlich nicht erforderlich. Die Priester und der Kirchenvorstand geben nach einigem Druck und

---

34 Siehe dazu StAWe, CII 542, 26.8.1874.
35 StAMS, Merkur, 21.1.1875.
36 StAWe, CII 542, 5. und 11.8.1874; siehe auch BAM, II A 32.
37 StAMS, Merkur, 16.4.1875.

nach einigem Zögern alle Objekte heraus. Der Widerstand gegen die Beschlagnahme fällt insgesamt vor allem deswegen so gering aus, weil die Bischöfe in Vermögensfragen zwar protestieren und auf ihre Rechte verweisen, aber in diesen Fällen nicht zum passiven Widerstand aufrufen. Sie wollen damit hervorheben, dass es ihnen im Streit nicht um weltliche Dinge geht. Zudem wird der kirchliche Besitz auch nicht enteignet, sondern nur „in Verwahrung genommen".

Die preußische Maßnahme gegen die Werner Pfarrdechanei ist laut Amtsanweisungen befristet, und zwar gilt sie, „bis zur gesetzmäßigen Wiederbesetzung der Stelle". An diesem Beispiel wird unter anderem deutlich, dass der Eingriff in die Vermögensrechte der Pfarrei den Druck auf die Geistlichen bzw. auf den Bischof erhöhen soll. Es ist ein weiteres Mittel, alle Geistlichen dazu zu bewegen, die staatliche Kontrolle der Pfarrbesetzung anzuerkennen.

Die Kirchenbücher haben damals eine besondere Bedeutung, weil darin Eheschließungen, Taufen, Todesfälle, Beerdigungen registriert werden. Mit dem Siegel werden die entsprechenden Urkunden beglaubigt. Die Pfarrämter haben also bisher die Funktionen der Standesämter ausgeführt. Diese Aufgaben sollen jetzt der Kirche entzogen und dem Staat übertragen werden. Doch einerseits kann der Staat nicht schnell genug Standesämter einrichten. Andererseits leistet die katholische Bevölkerung auch in diesem Fall oft passiven Widerstand. Die Katholiken wollen vor allem Taufen und Heiraten weiterhin nur von der Kirche absegnen lassen. Daher entstehen oft weitreichende Folgen, und zwar nicht nur für die Seelsorge, sondern auch für die praktischen Lebensumstände. Es gibt vielfach keine gültigen Kirchenbescheinigungen mehr. So werden z. B. ausschließlich kirchliche Eheschließungen nicht mehr anerkannt. Und staatlich nicht registrierte Kinder sind rechtlich von der Erbfolge ausgeschlossen.

Zahlreiche Prozesse gegen Vikar Spithöver und Kaplan Veltmann

Die Preußischen Behörden vom Innenministerium in Berlin über den Regierungspräsidenten in Münster bis zum Landrat in Lüdinghausen haben die strikte Anweisung erlassen, dass jede einzelne „gesetzlich verbotene Amtshandlung" sofort und direkt bei der königlichen Staatsanwaltschaft angezeigt werden muss[38]. Seit April des Jahres 1874 häufen sich Maßnahmen der preußischen Behörden gegen die zwei Geistlichen in Werne. Nach der Beschlagnahme der Kirchenbücher und des Kirchensiegels treffen in Werne von Mai bis August 1874 in kurzen Abständen immer neue Anordnungen aus Münster ein: sie drohen Strafen an, fordern, dass die angebliche Rechtswidrigkeit der Ausübung geistlicher Amtshandlungen öffentlich bekannt gegeben wird. Über Spithöver und Veltmann muss „allwöchentlich" ein Bericht erstattet werden.[39]

Die Regierungsbehörde ordnet eine Sammlung von Beweismaterial über die „ungesetzlichen Handlungen" der beiden Geistlichen an. Diese Verfügung ist mit der Rüge verbunden, dass die aus Werne übersandten Polizeiprotokolle als Beweisgrundlage nicht für eine stichhaltige Anklage ausreichten.[40] Es ist aus den Quellen nicht zu erschließen, ob diese Unzulänglichkeit in Werne mit Absicht oder aus Unkenntnis zustande gekommen ist. Mit der Rüge erhält der Bürgermeister Thiers jedenfalls genaue Bestimmungen für die Anfertigung der Beweisprotokolle durch die Polizei. Zur Verschärfung der behördlichen Maßnahmen gehört ferner die Anweisung, dass jede einzelne geistliche Amtshandlung von der Ortsbehörde sofort und direkt zur Anzeige gebracht werden müsse[41]. Für die „Schuldnachweise"

---

38 SA, LRLü 1115, ab 31.1.1873; StAWe, C V III 156, 3.2.1875.
39 StAWe, D IV 501, 21.5.1874.
40 StAWe, D IV 501, 20.5.1874.
41 ebenda; siehe auch StAWe, C VIII 156, 3.2.1875.

müssten Tag, Uhrzeit, Art, Ort und anwesende Zeugen genau ausgeführt werden.

Trotz des Drucks handeln Vikar Spithöver und Kaplan Veltmann so, als existierten die Gesetze nicht. Die „strafbaren Vergehen" werden von der Polizei in Werne in Protokollen festgehalten. Das geschieht allerdings erst, nachdem der Regierungspräsident den Bürgermeister nochmals heftig gerügt hat. Es könne wohl kaum sein, dass Veltmann niemals „Beichte gesessen" habe. „Sollten weder Spithöver noch Veltmann sonntags oder an anderen Festtagen die feierliche öffentliche Messe celebriert haben?"[42] Zu solchen Handlungen seien beide nicht berechtigt. Die Behörde in Münster unterstellt hier also als selbstverständlich, dass die beiden Geistlichen ungesetzlich gehandelt haben müssen und dass Bürgermeister Bernard Thiers dies in seinen Berichten verschwiegen hat.

Nach der Rüge werden in einem umfassenden Protokoll die Vergehen der beiden Geistlichen nach Münster gemeldet. Vikar Bernard Spithöver und Kaplan Ludwig Veltmann „haben sich gesetzlich verbotene Amtshandlungen ... zu Schulden kommen lassen"[43]. Als strafbare Vergehen sind die kirchlichen Trauerfeiern zu vier Beerdigungen genannt. Auch andere ihnen verbotene kirchliche Amtshandlungen haben sie ausgeführt. Veranlasst hat die „Anzeige" der Bürgermeister, der in Werne die oberste Polizeigewalt hat. Als Zeugen sind benannt 1. Küster Tecklenburg, 2. Stuhlmacher Funhoff, 3. Weber Kroes in Werne. Unterzeichnet ist das Protokoll vom „Fuß-Gendarm" Hillebrand und vom „Polizeidiener" Overmann. In einer Stellungnahme betont die Behörde in Münster dazu, ein Vergehen sei „geradezu notorisch": das Predigen.[44]

---

42 SA, LRLü 1115, 29.Aug.1874.
43 SA, LRLü 1115, 27.6.1874.
44 SA, LRLü 1115, 27.6.1874.

Beim Predigen ist für Bischöfe und Priester äußerste Vorsicht geboten; denn ab Dezember 1871 gibt es den sogenannten Kanzelparagrafen, eines der ersten Gesetze gegen die Kirche, im Volksmund als „Maulkorbgesetz" bezeichnet. Das Gesetz sieht für „Geistliche, die in Ausübung ihres Berufes Angelegenheiten des Staates in einer zur

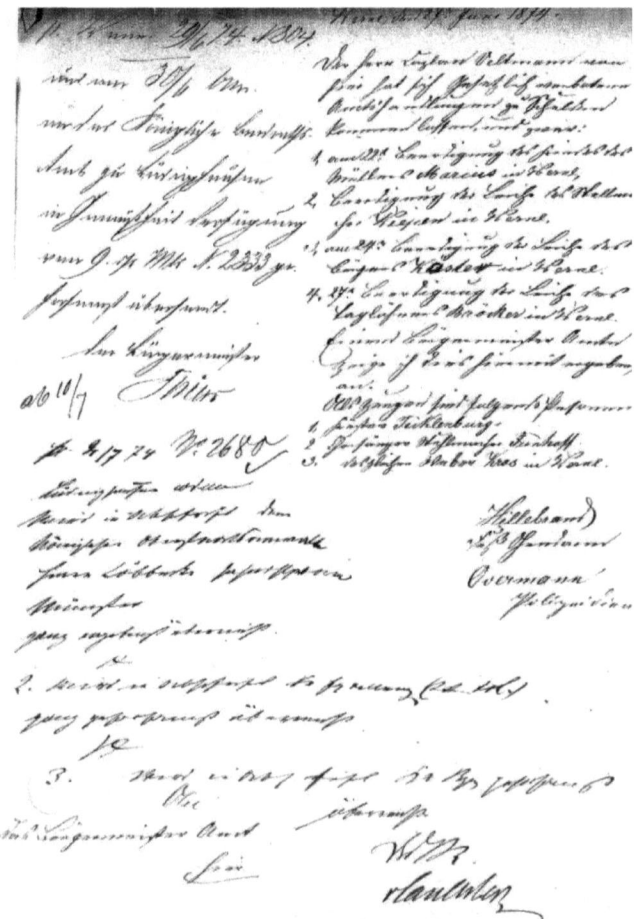

Protokoll zu den "Gesetzwidrigkeiten" der Werner Priester

Störung des öffentlichen Friedens geeignet erscheinenden Weise er-
örtern", Gefängnisstrafen bis zu zwei Jahren vor.[45]

Auf Veranlassung des Oberpräsidenten der Provinz Westfalen, Friedrich von Kühlwetter, erhebt die Staatsanwaltschaft schließlich Anklage gegen Spithöver und Veltmann. Diese Anklagen führen zu einem äußerst verwickelten, langwierigen und pedantisch geführten
Prozess. Dabei geht es nicht nur um die „unbefugte Ausübung von
Kirchenämtern" insgesamt, sondern auch um die Frage, wieweit die
geistliche Amtsbefugnis jeweils reicht.[46]

Zur Überraschung der Behörden und der Staatsanwaltschaft spricht
jedoch das königliche Kreisgericht zu Lüdinghausen Veltmann am
10. November 1874 frei. Spithöver wird zwar wegen unbefugter Trauungen zu einer Geldstrafe verurteilt, gleichzeitig aber von der Anklage freigesprochen, auch unbefugt getauft zu haben.

Die autoritären preußischen Behörden sind mit den Freisprüchen der
beiden Werner Geistlichen, Veltmann und Spithöver, nicht einverstanden. Auf Anweisung des Oberpräsidenten Friedrich von Kühlwetter erhebt die Staatsanwaltschaft vor dem königlichen Appellationsgericht in Münster Revision gegen die Urteile des Kreisgerichtes vom
10. November 1874. Gleichzeitig klagt sie ein neues Verfahren gegen
Spithöver beim Kreisgericht Lüdinghausen ein, wegen „des unbefugten Predigens und Celebrierens [!] des Hochamtes". Das bedeutet,
dass gegen Spithöver jetzt zwei Prozesse gleichzeitig geführt werden.
Die nächste Instanz wäre das Königliche Obertribunal in Berlin. Dort
sitzen als Richter nur preußische Protestanten. Schon dem Ausgang
des Prozesses vor dem Appellationsgericht in Münster muss Spithöver mit Sorge entgegensehen. Denn in Münster hat es unter „Kultur-
kampfgesichtspunkten" Umbesetzungen gegeben. Katholische und

---

45 Siegfried, S. 321 f.
46 SA, LRLü 1115, 29.8.74; StAWe, D IV 501, 21. und 29.5.1874.

auch protestantische Strafrichter, die bisher weitgehend objektiv ge-urteilt haben, sind teils in die Zivilabteilungen der Gerichte versetzt worden[47].

Eine Niederlage der beiden angeklagten Geistlichen vor Gericht be-deutete für die Pfarrgemeinde St. Christophorus in Werne den völli-gen Notstand in der Seelsorge. Bei einem rechtskräftigen Schuld-spruch gäbe es in Werne nicht mehr einen einzigen Priester. Und eine „Aushilfe" von außen oder durch die Kapuziner wäre laut Gesetz ebenso verboten.

Die juristische Situation ist für die beiden Angeklagten nicht günstig. Die Beweislast liegt allein bei den Angeklagten. Die Priester müssen den Nachweis erbringen, dass sie ihr geistliches Amt „selbstständig und unabhängig" und nicht nur im „Auftrag" des Pfarrers ausgeübt haben. Ist dies bereits vor dem Tod des Pfarrers Overhage der Fall gewesen, gilt die Amtslegitimation auch nach dessen Tod. Eine wich-tige Frage ist: Für welchen Zeitraum sind diese Anstellungen gültig? In jedem Fall wird bei der schriftlichen Beweisführung um jede Klei-nigkeit gestritten – von der Bedeutung einer Kommastelle bis hin zur Funktion eines Nebensatzes. Zudem sind die Durchführungsbestim-mungen vielfach so angelegt, dass die Behörden einen unverhältnis-mäßig großen Einfluss erhalten. So können schon gleichzeitig mit der Anklage des Staatsanwaltes Strafen von den Behörden verhängt wer-den. Ein Aufenthaltsverbot, eine Ausweisung aus dem Regierungsbe-zirk oder aus dem Königreich Preußen können für die gesamte Dauer eines Prozesses umgehend – sprich gleichzeitig mit der Anklage des Staatsanwaltes – angeordnet werden. Dies ist Teil einer verschärfen-den Strategie. Es ist eine Sanktion, die üblicherweise nur bei schwe-reren kriminellen Vergehen angewendet wird.

---

47 Siehe Scholle, S. 122; Ficker, S. 116.

Ein „revolutionärer Straßenauflauf" in Werne gegen die „Zwangsausweisung"

Genau im Januar 1875 greift diese Strategie in Werne. Die „volle Strenge des Gesetzes"[48]wird angewendet; denn ein komplizierter Prozess durch drei Gerichtsinstanzen braucht viel Zeit. Zeit fehlt den

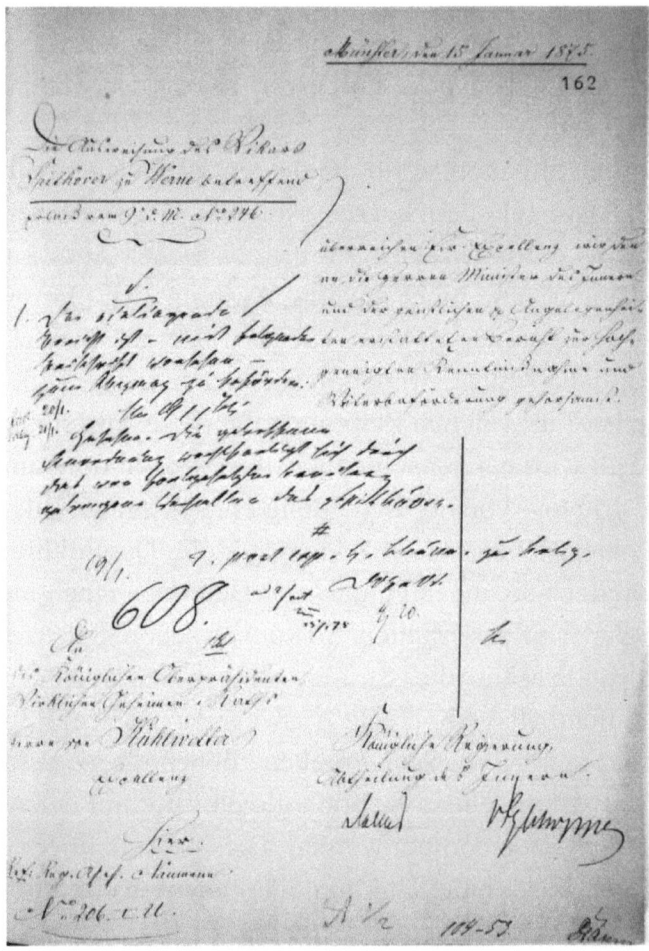

Dienstverfügung zur Ausweisung Vikar Spithövers durch den Oberpräsidenten der Provinz Westfalen

---

48 BAM, Sonntags-Blatt 1874, Jahrg. 33, S. 58 und S. 254.

ungeduldigen Behörden jetzt. Angesichts der bisherigen Misserfolge drängen die liberale Presse und das Ministerium in Berlin zu konsequenterem Durchgreifen. Hinzu kommt sicher auch, dass sich der Oberpräsident von Westfalen, Friedrich von Kühlwetter, und der für die Ausführung der Anordnungen verantwortliche Oberregierungsrat Tzschoppe über die Prozessniederlage am 10. November 1874 vor dem Kreisgericht in Lüdinghausen ärgern.

Die Behörden verfügen die Zwangsausweisung des Vikars der Christophorus Pfarrei, Bernard Spithöver. Er wird vom Oberpräsidenten der Provinz Westfalen aus dem Regierungsbezirk Münster verbannt und soll gemäß der behördlichen Anweisung „falls nötig mit Gefängniswagen und berittenem Polizisten" über die Grenze gebracht werden.[49] Bürgermeister Thiers ist angewiesen, diese Zwangsausweisung durchzusetzen. Als durch „Gassenausruf" die Ausweisung „des hier allgemein beliebten Vikars Spithöver"[50] bekannt gegeben wird, verursacht das „eine große Aufregung". Es entsteht ein „Straßenauflauf"[51]. Die Werner sind entrüstet; es ist die Rede von „Mitleid, Trauer, Erbitterung", die „sich allgemein kundgaben"[52].

Die Werner Bürgerinnen und Bürger müssen in der Ausweisung, die sich auf die von der Staatsanwaltschaft eingereichte Revision vor dem Appellationsgericht in Münster stützt, eine reine Schikane der preußischen Behörden sehen; denn inzwischen ist in Werne bekannt geworden, dass Spithöver am 12. Januar 1875 in einem der anhängigen Verfahren vom Kreisgericht Lüdinghausen freigesprochen worden ist. In den amtlichen Briefen, die zwischen Münster, Lüdinghausen und Werne hin- und hereilen, teils mit reitendem Boten, ist bisher von „Unruhen" und Aufregungen die Rede, jetzt tauchen Ende Januar Be-

---

49 SA, LRLü 165, 20.1.1875; StAWe, CVIII 156, 31.1.1875.
50 SA, LRLü 165, 7.2.1875.
51 Ebenda, 22.1.1875.
52 StAMS, Merkur, 23.1.1875.

griffe auf wie „wachsende Gärung". Von „ernsten Auftritten", von „regierungsfeindlichen Demonstrationen" ist die Rede[53].

In einem Bericht des Landrats an den Regierungspräsidenten in Münster heißt es, dass die Bewohner des Kreises Lüdinghausen unter dem Einfluss des „ultramontanen Terrorismus" stünden. [54] „Ultramontanismus" bezeichnet eine innerkirchliche Bewegung, zunächst nördlich der Alpen (= "ultramontan"), die die Kirche in bislang nie dagewesener Weise auf Rom und den Papst ausrichteten wollte. [55] Landrat Wedel verwendet den Begriff polemisch; er setzt voraus, dass die renitenten Katholiken sich der römischen Kurie unterwürfen.

Die Situation in Werne scheint nun von Tag zu Tag explosiver geworden zu sein, so dass Thiers am 30. Januar 1875 nach Lüdinghausen meldet, dass er ernstere Auftritte in Werne befürchte.[56] Daraufhin ermächtigt der Landrat den Bürgermeister am 31. Januar 1875, „in Hamm sofort direct einen Zug Kürassiere zu requirieren, … nur in dem äußersten Falle, daß Sie mit Hilfe der vorhandenen Polizeikräfte Ihre Autorität nicht mehr sollten aufrechterhalten können"[57].

Mit gepanzerten Soldaten, bewaffnet mit Gewehr und Säbel, soll Bürgermeister Thiers gegen aufsässige Werner Bürger vorgehen. Es muss sehr fraglich bleiben, ob das Werner Stadtoberhaupt seine „Autorität" dadurch wiederherstellen kann, dass es gegen die eigenen Bürger aus der Garnison der evangelischen Stadt Hamm preußische Soldaten mit Gewehr und blankem Säbel aufmarschieren lässt. Für den Katholiken Thiers müsste ein solches Vorgehen eine persönliche Katastrophe bedeuten. Die Werner Bürgerinnen und Bürger empfinden es als „himmelschreiendes" Unrecht, dass Vertreter ihrer heiligen Kirche wie Staatsfeinde behandelt werden. Sie strömen in großer Zahl

---

53 StAWe, CVIII 156, 31. 1. 1875.
54 Keinemann, S. 125.
55 Siehe Wolf, S. 53.
56 StAWe, C VIII 156, 30.1.1875.
57 Ebenda, 31.1.1875.

zusammen, um ihren Vikar und ihren Kaplan nachhaltig zu unterstützen. Sie sind bereit, fast alles zu tun, um vor allem die Ausweisung Vikar Spithövers zu verhindern bzw. rückgängig zu machen.

Ein unbekannter Werner Augenzeuge gibt die Stimmung in einem Artikel des kirchlichen Sonntagsblattes eindrucksvoll wieder: „Schon weit über 1 Jahr [seit dem Tod Overhages] sind wir eine verwaiste Herde … und wir haben Scenen erleben müssen, an die früher Niemand gedacht hätte. Unsere Geistlichen wurden Verbrechern gleich vor Gericht gezogen, bald wurde ihnen diese Funktion verboten, bald jene, das Vermögen der Dechanei wurde (beschlagnahmt) … und allem setzte man dann … die Krone auf durch Austreibung des Herrn Vikar Spithöver.“[58]

Preußischer Kürassier, Regiment Nr. 4 (Westfälisch). Bild nach 1871

Zudem amtiert nun in der größten Gemeinde des Kreises Lüdinghausen nur noch ein Geistlicher, der Kaplan Veltmann. Auch gegen ihn führt die Staatsanwaltschaft weiterhin einen Prozess. Zudem gerät der Bischof in Münster in immer größere Bedrängnis.

Und viele Werner Einwohner werden es noch in unangenehmer Erinnerung haben, dass 27 Jahre vorher, Ende März 1848, preußische Soldaten gegen „revolutionäre Unruhen“ in Werne eingeschritten sind. Nach heftigen Auseinandersetzungen auf dem Marktplatz und in den Straßen Wernes sind damals mehrere Bürger verhaftet und zu längeren Gefängnisstrafen verurteilt worden.

Die Unruhen in Werne auf dem Höhepunkt des Kulturkampfes sind für den

---

58 BAM, Sonntags-Blatt 1875, Jahrg. 34, S. 129f.

„Westfälischen Merkur" so wichtig, dass er darüber auf der ersten Seite ausführlich berichtet. [59] Ein nicht genannter Bürger Wernes schreibt, dass die Stadt „mit in vorderster Front im unseligen Kulturkampf steht"[60]. *„ Unsere Gemeinde marschiert mit an der Spitze."* Der „Westfälische Merkur" zählt zu den „reichsfeindlichen Blättern". Gegen die Redakteure werden sehr häufig Strafanträge gestellt. Man müsse gegen sie mit „äußerster Strenge vorgehen", fordert eine Dienstanweisung. Das bedeutet Anklage, Verurteilung und Gefängnishaft. Eine redaktionelle Arbeit und damit das Erscheinen der Zeitung könnten so unmöglich werden. Die Gegenwehr ist ebenso einfach wie komisch. Der Besitzer der Zeitung stellt sogenannte

Der "Westfälische Merkur", die im Kulturkampf wichtigste Zeitung des Münsterlandes, ergreift "kühn" Partei für die Katholiken

59 StAMS, Merkur, 23.1. 1875.
60 BAM, Sonntags-Blatt,1875, Jg.34, S. 129 f.

„Sitzredakteure" ein, das heißt Freiwillige, die zwar nicht den kritischen Artikel geschrieben haben, aber die Verantwortung übernehmen und gegen Bezahlung oder auch „ehrenamtlich" die Gefängnisstrafe absitzen.[61] Einer von diesen unterzeichnet „seinen" Artikel mit dem Zusatz „präsumptiver (mutmaßlicher) nächster Gefängniskandidat"[62].

Oberregierungsrat Tzschoppe, oberster Beamte in der Abteilung für Inneres, hat auf die angespannte Situation in Werne rigoros reagiert. Schon am 26. Januar 1875 hat er den Landrat in recht unverbindlichem Ton angewiesen, in Werne für Ordnung zu sorgen. Bürgermeister Thiers, so schreibt Tzschoppe, sei trotz der Krankheit nicht verhindert, Anordnungen zu treffen. Für die Ausführung derselben müsse die Polizeimannschaft der nächsten Ortsbehörde angefordert werden.[63]

Teilweise Entschärfung der „Volksgärung" in Werne

In Werne hat sich die angespannte Situation zunächst teilweise beruhigt. Alle Verantwortlichen vor Ort, so scheint es, haben dazu beigetragen, dass die gefährliche Lage in Werne nicht eskaliert ist, der Landrat des Kreises Lüdinghausen, Graf Johann Wilhelm von Wedel, und auch Wernes Bürgermeister Bernard Thiers. Vor allem aber hat Vikar Spithöver durch sein Verhalten dazu den Ausschlag gegeben. Er reist schließlich freiwillig ab, „um der öffentlichen Ruhe willen", wie er schreibt.[64] Landrat Graf von Wedel hat zudem die Empörung der Werner Bürgerinnen und Bürger auch durch ein Versprechen besänftigt. Schon bald setzt er sich bei der Regierung in Münster für das

61 Ficker, S. 134.
62 Massenkeil, Merkur, S. 109.
63 SA, LRLü 165, 26.1.1875.
64 SA, LRLü 165, 23. 1. 1875.

Verbleiben Spithövers in Werne ein. Am 7. Februar schickt er eine Eingabe nach Münster mit der Bitte, die Regierung möge „hochgnädigst" das Ausweisungsdekret zurücknehmen.[65] In seiner Begründung verweist er unter anderem darauf, dass Vikar Spithöver in Werne hoch verehrt sei. Die Verstöße gegen die Maigesetze habe er höchstwahrscheinlich unabsichtlich begangen. Er sei zudem unverzüglich dem Ausweisungsdekret gefolgt. Er habe es außerdem „verschmäht, … die Aufregung des Volkes über den Verlust des geliebten Geistlichen zur Anzettelung regierungsfeindlicher Demonstrationen zu benutzen". Außerdem habe er versprochen, sich „nach seiner Rückkehr gesetzlich verbotener Amtshandlungen zu enthalten"[66].

In diesem Brief nach Münster redet Wedel die Lage in Werne schön. Daran ist zu erkennen, wie sehr Wedel bemüht ist, die angespannte Situation zu beruhigen. Seine Formulierungen in diesem Brief nach Münster stehen teils in deutlichem Widerspruch zu Formulierungen in Dienstanweisungen nach Werne. Die Widersprüche, die Warnung und auch die Beschwichtigung im amtlichen Schreiben vom 31. Januar 1875 verdeutlichen, dass Graf Wedel unsicher ist, wie er die Situation in Werne einschätzen soll und wie stark der Druck gegen die Werner Bevölkerung sein muss. Er will die angespannte Situation in den Griff bekommen, scheint aber doch letztlich ein hartes Vorgehen zu scheuen. Zudem beschwichtigt er Bürgermeister Thiers; der dürfe nicht „zaghaft Gefahren wittern, wo nur einige unruhige Köpfe Neigung zeigen, Straßenhändel zu provozieren"[67].

Mit einem Druckmittel auf den Werner Bürgermeister hat er allerdings seine Kompetenzen überschritten. Denn den Einsatz von Soldaten dürfen die untersten Behörden nicht anordnen. Deshalb, vermutlich nach einer Rüge aus Münster, widerruft er am 3. Februar in einem

---

65 SA, LRLü 165, 7.2.1875.
66 Ebenda.
67 StAWe, C VIII 156, 31.1.1875.

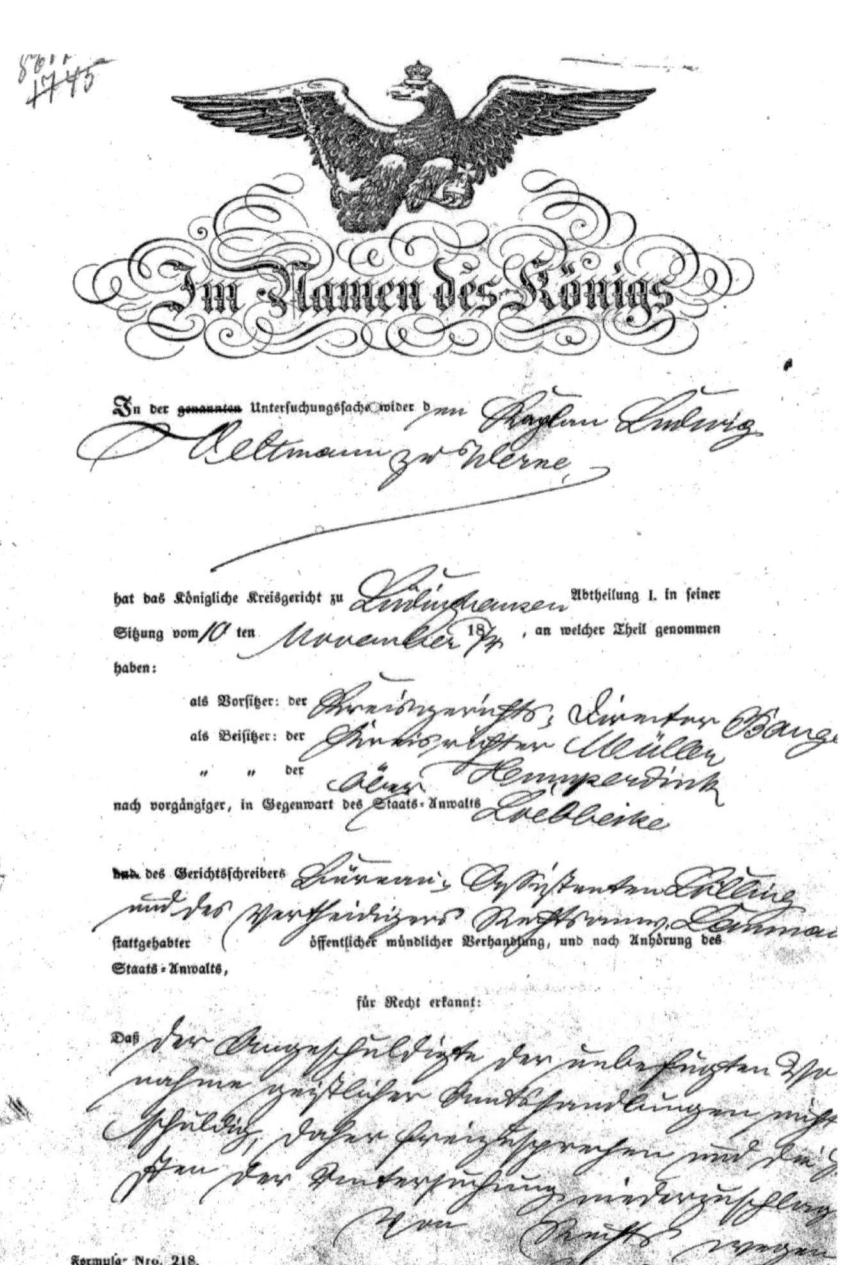

Im Namen des Königs

In der genannten Untersuchungssache wider d.. *Kaplan Ludwig Veltmann zu Werne*

hat das Königliche Kreisgericht zu *Lüdinghausen* Abtheilung I. in seiner Sitzung vom *10* ten *November* 18*7*, an welcher Theil genommen haben:

als Vorsitzer: der *Kreisrichter Günter Barge*
als Beisitzer: der *Kreisrichter Müller*
" " der *Herr Humperdink*

nach vorgängiger, in Gegenwart des Staats-Anwalts *Loebbeke*

des Gerichtsschreibers *Lienemann Gerichtsamtmanns Kleine* und des *Gerichtsdieners Rechtmann Lehmann*

stattgehabter öffentlicher mündlicher Verhandlung, und nach Anhörung des Staats-Anwalts,

für Recht erkannt:

Daß *der Angeschuldigte der unterzeichneten Ehre......*

Formula Nro. 218.

Freispruch des Königlichen Kreisgerichtes zu Lüdinghausen für Kaplan Ludwig Veltmann

Brief diese Ermächtigung. Der Regierungspräsident in Münster verlange, dass jede einzelne Maßnahme, den Einsatz des Militärs betreffend, beantragt werden müsse[68].

Schließlich beruhigt sich die angespannte Situation vor allem auch, weil sich Vikar Spithöver und Kaplan Veltmann mit ihren Einsprüchen in den Prozessen bis zur dritten Instanz in Berlin in Kernbereichen juristisch durchgesetzt haben. Die Begriffe „cura animarum" oder „vicaria curata" in den lateinisch abgefassten Anstellungsurkunden sind juristisch umfangreich geklärt worden. Allerdings muss Spithöver für einige Vergehen Geldstrafen akzeptieren. Einige Verbote gelten weiter. Vor allem darf er keine Trauungen vornehmen. Freigesprochen bleibt Spithöver vom Anklagepunkt, unbefugt getauft zu haben. Nachdem Kaplan Veltmann schon am 10. November 1874 vom Kreisgericht in Lüdinghausen freigesprochen worden ist, werden die Einspruchsklagen des Staatsanwalts gegen dieses Urteil am 25. Februar vom Appellationsgericht in Münster und am 1. Juli vom Königlichen Obertribunal in Berlin abgewiesen[69].

Ab April 1875 dürfen beide Priester Amtshandlungen vornehmen, allerdings jeder nur eingeschränkt und jeweils nur in bestimmten Aufgabenfeldern, doch so, dass fast alle pastoralen Bereiche der Pfarrei abgedeckt sind. So teilt der Gerichtsbeschluss die Amtsbefugnisse genau auf. Veltmann zum Beispiel habe zwar das Recht „Taufen, Eheschließungen, die österliche Kommunion, die Krankenölung und die kirchliche Leichenbeerdigung" vorzunehmen. Aber er sei nicht befugt, die Beichte zu hören und die gewöhnliche Kommunion zu erteilen.[70] Diese „letztbezeichneten Handlungen" könne allerdings Vikar Spithöver ausüben. „Beide aber dürfen [keineswegs] predigen, den katholischen Religionsunterricht erteilen und Prozessionen leiten."

---

68 StAWe, C VIII 156, 3.2.1875.
69 Sonntags-Blatt 1875, Jahrg. 34, S.159; BAM A 642, 1.7.1875.
70 StAWe, D IV 501, 28.8.1874.

Aufgrund dieser Urteile nimmt die Regierungsbehörde in Münster die Ausweisung Spihövers zurück. Insgesamt ist das ein großer Erfolg für beide Priester und eine gewisse Erleichterung für die große St. Christophorus-Gemeinde in Werne. Allerdings zählt Werne nun auch zu

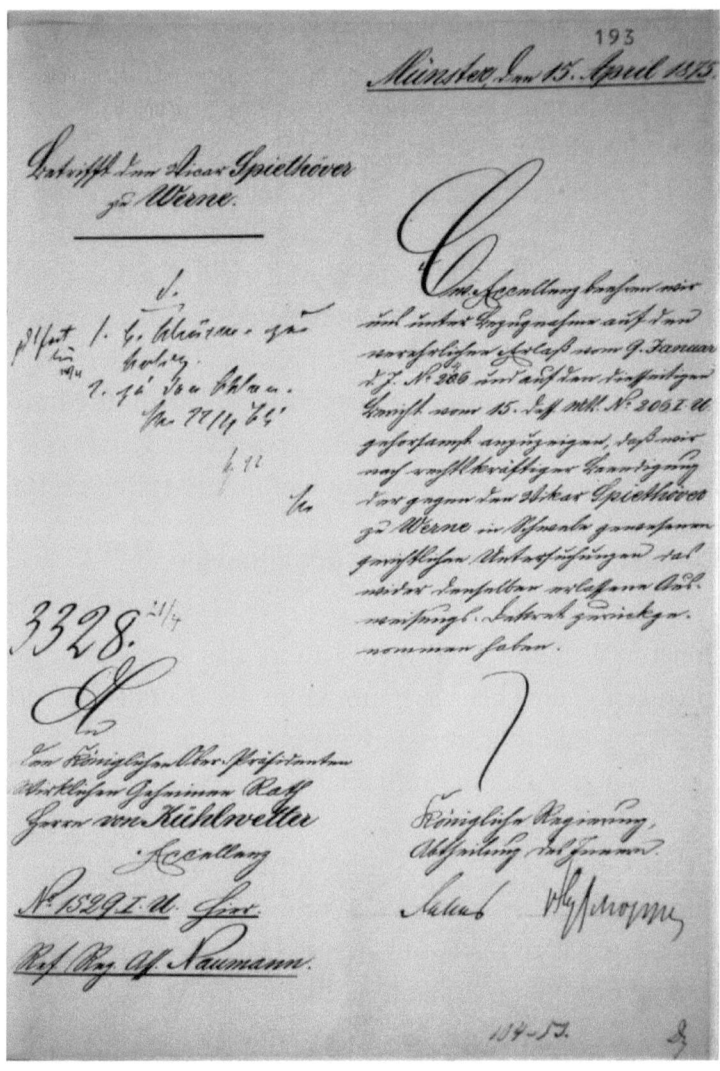

Rücknahme der Ausweisung Vikar Spithövers

den Gemeinden, die halb verwaist sind. Das sind 1881 im Bistum Münster 94 Pfarreien.

In seinem Schreiben an Wedel, in dem Oberregierungsrat Tzschoppe die Aufhebung der Ausweisung mitteilt, erweist er sich als engherziger und uneinsichtiger Beamter. Mit recht fadenscheinigen Argumenten wirft er Spithöver vor, dass dieser selbst die Schuld an dem langen Verfahren und dem Ausweisungsbeschluss trage. Gleichzeitig erinnert er den Landrat von Wedel kritisch an dessen Einsprüche gegen Verfügungen der Regierungsbehörde. Und er fordert von ihm, dass das Verhalten Spithövers künftig streng überwacht werden müsse.[71]

Weit härter als die Geistlichen in Werne trifft es Vikar Fortkamp und Kaplan Moll in Seppenrade. Gegen beide werden rigorose Strafen verhängt. Dem Vikar Fortkamp wird nach zahlreichen Prozessen am 7. März 1877 die preußische Staatsbürgerschaft und damit auch die des Deutschen Reiches entzogen, und er wird des Landes verwiesen.[72] Kaplan Moll wird zu einer längeren Gefängnisstrafe verurteilt.

Zwei Gegenspieler im Landkreis Lüdinghausen

Graf Johann Wilhelm von Wedel führt das Landratsamt im Kreis Lüdinghausen. Zunächst ist er im Jahre 1874 vom Oberpräsidenten Westfalens als Landratsamtsstellvertreter, dann als Landratsamtsverwalter eingesetzt. Ab dem Frühjahr 1875 ist er nach einer Wahl Landrat.

Der Einsatz Graf Wedels für Spithöver und somit auch für Werne erstaunt umso mehr, als seine Wahl zum Landrat, so setzen es die behördlichen Vorgaben fest, ein härteres Durchgreifen im Kulturkampf garantieren sollte. Graf Johann Wilhelm von Wedel ist evangelisch.

---

71 SA, LRLü 165, 15.4.1875.
72 StAWe, D IV 501, 7.3.1877.

Zudem gehört er zu den preußischen Adeligen, die überzeugte Monarchisten und königstreu sind. Er ist 1837 als Sohn des oldenburgischen Kriegsministers geboren, nimmt an den Kriegen 1864, 1866 und 1870/71 teil, ist preußischer Major und erhält hohe preußische Orden. Er ist ein glühender preußischer Patriot. In einem Brief drückt er seine „Gewissheit" aus, dass „auch unsere patriotisch gesinnten katholischen Mitbürger zu der Erkenntnis gelangen, daß die von Gott begnadete Regierung unseres hehren Heldenkaisers" nur das Glück und das Wohlergehen des Vaterlandes im Auge habe.[73] Für die Wahl zum Landrat fehlt ihm nur eine der preußischen Voraussetzungen: Es sind zunächst nur Rittergutsbesitzer wählbar. Er besitzt nicht diese erforderlichen „landständischen Rechte". Diese Rechte besitzt allerdings seine Gattin, Freiin von Bodelschwingh-Plettenberg, die Erbin des Wasserschlosses Sandfort und der dazugehörigen Güter. Sie hat als Frau weder das aktive noch das passive Wahlrecht und darf auch

Freiherr von Landsberg

Graf von Wedel

---

73 WAA, Haus Sandfort, C 154.

keine politischen oder staatlichen Ämter wahrnehmen. Sie kann ihre Rechte aber durch einen Mann vertreten lassen. Ihr Gatte nimmt die Vertretung gern an.

Wedels Vorgänger, der Freiherr Ignaz von Landsberg-Velen zu Drensteinfurt, ist aus dem Landratsamt entlassen worden. Er habe keine patriotische Gesinnung gezeigt, heißt es in amtlichen Schreiben. Vielmehr habe er die katholischen Interessen unterstützt und Anordnungen zum Kulturkampf nicht im Sinne der preußischen Regierung ausgeführt.[74] Freiherr Ignaz von Landsberg-Velen zu Drensteinfurt ist Abgeordneter des Zentrums im Reichstag und im Preußischen Abgeordnetenhaus. Das Zentrum ist die Partei, die in diesen beiden Parlamenten die katholischen Interessen vehement vertritt. Landsberg ist außerdem Mitglied des Westfälischen Katholischen Bauernvereins, dem die preußischen Behörden politische Agitation zugunsten der kämpferischen Katholiken vorwerfen. Wie Landsberg-Velen ergeht es fast allen katholischen Landräten in Westfalen. Insgesamt zehn werden aus ihrem Amt entfernt und durch staatstreue protestantische Beamte ersetzt.[75]

Wedels Fürsprache für Bürgermeister und Spithöver in Werne kann seiner Karriere nicht förderlich sein. Sein direkter Vorgesetzter im Regierungspräsidium Münster, der Oberregierungsrat von Tzschoppe, antwortet auf den Brief Wedels vom 31. Januar 1875 mit einer deutlichen Rüge. Er drückt in kritischem Ton sein Bedauern darüber aus, dass „wir hiermit bereits zum vierten Male eine Remonstration [Widerspruch] gegen unsere Anordnungen in kirchenpolitischen Angelegenheiten zurückweisen müssen"[76]. Tzschoppe liefert zu seinem ablehnenden Bescheid eine sehr ausführliche Begründung, die allerdings wenig überzeugend wirkt. Angesichts dieser Rüge stellt

---

74 Siehe Mertens, S.93; SA, LRLü 1320, 28.7.1874.
75 Siehe Gründer, S. 149; siehe auch BAM, Sonntags-Blatt 1874, Jahrg. 34, S. 58.
76 SA, LRLü 165, 10. 2. 1875; siehe auch 15.4.1875.

sich die Frage, wie Landrat Graf Wedel sich bei weiteren „revolutionären" Situationen verhalten wird.

Ein „demonstratives" Jubelfest in Werne

Im Februar und im Juli 1875 steht er diesbezüglich im Entscheidungszwang. Im Februar ist der Bischof in Werne zu Besuch. Für die katholische Bevölkerung sind vor allem Bischofsbesuche, Volksfeste, Prozessionen, Jubiläumsfeiern geeignet, ihren Protest und ihren Widerspruch zu bekunden. Das katholische Volk unterstützt seine Priester uneingeschränkt. Bei solchen Anlässen können die Menschen ihre Sympathien und ihre Treue zur katholischen Kirche bezeugen. Dabei drückt das Volk auch seinen Unmut und seine Empörung über die Aktionen der preußischen Behörden aus. Diese Feiern schaffen ein großes Solidaritätsgefühl und stärken die geschlossene Abwehrfront der Gläubigen.

Solche Feste nähmen „unzweifelhaft den Charakter einer Demonstration" an und ... erregten die „Agitation" des Volkes, so schreibt etwa der Oberpräsident aus Münster.[77] Dagegen hülfen seiner Meinung nach nur Verbote. Die Anweisungen der Behörden dazu sind mit größter Genauigkeit ausgeführt. Es gibt eine exakte Auflistung, was alles verboten ist: das Anbringen von Fahnen, Girlanden, Wimpeln, Spruchbändern, das Aufstellen von Triumphbögen und Laubgewinden.[78], das „Absingen" regierungsfeindlicher Lieder. Vor allem sind Böllern, also das Schießen aller Art, Feuerwerke und Illuminationen streng untersagt.[79] Mehrfach kommen in Werne Rundverfügungen an, in denen Geld- und Freiheitsstrafen angedroht werden, falls die Verbote missachtet werden.

---

77 Naarmann, S. 78; SA, OP 4.6.1876.
78 StAWe, D IV 634, 17.11.1857.
79 Weber, S. 57f; StAWe, D IV 624, u.a. in 3. 6.1876.

Ein Teil dieser Bekanntmachungen besteht aus der genauen Angabe der Strafen, falls die Verbote übertreten werden, so zum Beispiel „30 Reichsmark für das Schießen ohne Genehmigung auf offener Straße und unter freiem Himmel" und 60 Reichsmark für das Abbrennen von Feuerwerk. Das sind damals sehr hohe Beträge. 60 Reichsmark sind fast die Hälfte der Summe, die der Bürgermeister im Monat an Gehalt bekommt.

Noch während in Werne der Höhepunkt der Krise Anfang des Jahres 1875 abflaut, gibt es einen ganz besonderen Anlass für ein solches „demonstratives" Fest. Auf einer Rundreise durch die südlichen Pfarreien seiner Diözese kommt vom 13. und bis zum 15. Februar 1875 Bischof Johann Bernhard Brinkmann zu einem offiziellen Besuch von Samstag bis Montag nach Werne.

Ein unbekannter Augenzeuge aus Werne hat in der Ausgabe des „Sonntag-Blatts für katholische Christen" vom 28. Februar 1875 den Besuch des Bischofs beschrieben. Aus diesen Zeilen spricht unmittelbar die damalige Stimmung in Werne:

„Im glorreichen Culturkampf marschiert unsere Gemeinde mit an der Spitze, kämpft mit im Vordertreffen. ...jedenfalls haben sie [die Kulturkampfmaßnahmen] viel dazu beigetragen, die Katholiken zu inniger und mit neuer Entschiedenheit und Anhänglichkeit an unsere bedrängte Kirche zu erfüllen. ... so wendet er [Bischof Brinkmann] den am meisten bedrängten Theilen der Diözese, den verwaisten Schäflein eine besondere Hirtensorgfalt und Hirtenliebe zu, dem Feldherrn gleich, der in der Schlacht bald hier, bald dort erscheint, wo er die Seinen in Gefahr sieht, um durch seine Gegenwart und sein Feldherrnwort die Kämpfenden zu neuem Muth zu entflammen. Die Pfarrgemeinde Werne aber hat alles gethan, um ihrerseits ihren Oberhirten würdig zu empfangen und ihre Treue und Anhänglichkeit zu bekunden. Als der hochw. Herr Bischof am Samstag Mittag an der Grenze der Gemeinde ankam, nahm ihn eine große Anzahl von

*Reitern und Wagen in Empfang und begleitete ihn in schön geordne-
tem Zuge zur Stadt. Am Thore stand eine lange Prozession, und der
einzige Pfarrgeistliche, Kaplan Veltmann, hieß hier den hochw.
Herrn willkommen. Unter Glockengeläute ging es in prächtigem Zuge
in der Stadt zur Pfarrkirche. Hätte uns nicht die Kälte und der frisch
gefallene Schnee daran erinnert, daß noch der Winter regiere, man
hätte glauben können, der Mai sei schon gekommen, so prangte die
Stadt in frischem Grün, in Kränzen und Gewinden und Guirlanden
und hohen Bögen, und was die Natur versagt, hatte die Kunst ersetzen
müssen. Jedes Haus war beflaggt und fast jede Thür trug eine pas-
sende Inschrift. ... Nach dem Hochamt [am nächsten Morgen], wel-
ches der hochw. Herr celebrirte, hielt Hochderselbe eine begeisterte
und tief ergreifende Predigt, die uns allen unvergeßlich sein wird. Die
Kirche war bis zum letzten Platz dicht besetzt. ...*

Kirche und Kirchhof St. Christophorus

Am Abend gegen 8 Uhr brachte die Stadt ihrem Bischof einen glän-
zenden Fackelzug. Lieder, Reden und verschiedene Hoch's wechsel-
ten dabei in schönster Weise ab. Der hochw. Herr sprach in beredten
Worten und ermahnte zur Treue und zum entschiedenen Festhalten an
den Grundsätzen des Christenthums und am Glauben unserer hl. Kir-
che. Nach dem Fackelzug machte Hochderselbe einen Rundgang
durch die Stadt, um die Illumination anzusehen, die überall, vorzugs-
weise am Kirchhof und am Markt, sich prächtig ausnahm. Besonders
verdienen die zahlreichen Transparente Erwähnung, sowie die gelun-
genen Verse in denselben, worin die Volkspoesie in den kernigsten
und entschiedensten Worten ihre Gesinnung ausgesprochen hatte. ...
Auf 11 ½ Uhr (am Montag) war die Abfahrt festgesetzt.
Auf dem Roggenmarkt vor der Kaplanei hatte sich eine große Volks-
menge eingefunden, um noch einmal den Segen ihres Bischofs zu emp-
fangen. Eine Reiterschaar von etwa 80 – 100 Mann und 17 Wagen
gaben Hochdemselben das Ehrengeleit bis zu dem fast 2 Stunden von
hier entfernten Herbern."[80]

Die Festgestaltung ist erwartungsgemäß provokativ als politische De-
monstration angelegt. Die Flaggen sind nicht die des Königreichs
Preußen oder die des Deutschen Kaiserreiches; es sind die Fahnen des
Papstes, des Bischofs, der Kirche, der katholischen Vereine. Jeder
Verein verkündet mit seinem Schutzpatron bildstark eine politische
Botschaft.

In Versen und Sprüchen machen die Katholiken in zumeist witziger,
oft in zynischer Form ihrem Unmut Luft. Ein Beispiel, das mehrfach
überliefert ist, von Stadt zu Stadt passend verändert, lautet: „Mit un-
serem Bischof in Freud' und Leid, so arg auch der Feinde Widerstreit,
ganz Werne ruft in Einigkeit, gibt aller Welt dies zum Bescheid."

---

80 BAM, Sonntags-Blatt 1875, Jahrg. 34, S. 129f.

Am Roggenmarkt in Werne die Wohnung Kaplan Veltmanns

Herz-Jesu-Fenster (nach 1914) und Taufstein (um 1500) in der St. Christopho-
ruskirche. Die Herz-Jesu-Bruderschaft fand im Kulturkampf regen Zulauf. Sie
verpflichtete ihre Mitglieder zu dem Gebet, Gott möge die Kirchenverfolgung
beenden. Dies sah das Innenministerium in Berlin als „staatsgefährlich" an.
Deswegen sollte die Bruderschaft verboten werden. Der Taufstein ist Symbol
der Kirchentreue der gläubigen Katholiken.

Zu einem solchen kirchlichen Fest gehört das feierlich zelebrierte Hochamt. Und am Ende der Messe wird überall im katholischen Westfalen gleichsam als Antwort auf die Predigt des Bischofs vor allem ein Lied mit besonderer Inbrunst gesungen, das zu einer Art Kampflied im Kulturkampf geworden ist:

> *„Fest soll mein Taufbund immer steh'n ...,*
> *ich will die Kirche hören.*
> *Sie soll mich allzeit gläubig seh'n.*
> *... nie will ich von ihr weichen."*

Der Bericht vermittelt eindrucksvoll die Begeisterung der Werner Bevölkerung. Wichtig ist allerdings auch, was nicht in diesem Text steht. Von den Vertretern der Stadt Werne, dem Bürgermeister, den Stadtbediensteten, den Stadtverordneten, wird nicht gesprochen, so als seien sie nicht existent. Das ist umso bemerkenswerter, als dies 1873 bei zwei Anlässen völlig anders ausgesehen hat. Sowohl für die Jubiläumsfeier zu Ehren des Dechanten Overhage am 1. April 1873 als auch beim Besuch des Weihbischofs am 15. Juni 1873 organisiert der Bürgermeister höchstpersönlich die Feierlichkeiten. Zum Bischofsbesuch hat ihn der Dechant Overhage dazu sogar schriftlich aufgefordert.[81] Durch Gassenausruf schreibt daraufhin der Bürgermeister unter anderem vor, „Straßen, Gassen und Plätze gehörig zu säubern", „Dünge- und Schutthaufen spätestens bis Morgen-Abend fortzuschaffen, vor allem am Kirchhof und am Marktplatz" und die Häuser zu „illuminieren" und zu beflaggen.[82] Stadtverordneten und Bürgern wird vom Stadtoberhaupt bekannt gegeben, dass sie „sich präzise 8 Uhr abends auf dem hiesigen Marktplatz ... versammeln"[83]. 1875 ist

---

81 StAWe, C II 542, 14.6.1873.
82 StAWe, C II 530, 26.4.1873; und CII 542, 15.6.1873.
83 Ebenda.

von all dem nicht mehr die Rede. Interessant ist auch, welche Aufgaben die Polizei hat. Der Bürgermeister gibt 1873 bekannt, dass für den feierlichen Umzug Fackeln verkauft werden, und zwar vom Polizeidiener Hermann Overmann.

Polizisten haben bei den Besuchsreisen des Bischofs, die überall Triumphzügen gleichen, zumeist völlig andere Aufgaben. Es sind allerdings auswärtige protestantische Polizisten. Sie begleiten insgeheim die Bischofsreise und kontrollieren die politische Gesinnung des Volkes und spionieren die Predigten des Bischofs aus.[84]

Landrat Graf von Wedel in der Zwickmühle

Der „Westfälische Merkur" berichtet am 21. 7. 1875 von einer gefährlichen Situation in Lüdinghausen. Graf Johann Wilhelm von Wedel schreibt zu dieser zweiten ihn bedrängenden Situation, dass er vor der Alternative gestanden habe, die verbotene Demonstration einer riesigen Volksmenge „zu dulden" oder „den Platz gewaltsam räumen zu lassen" unter „dem notwendig(en) ... Gebrauch der Waffen"[85].

„Sehr viele Leute aus der ganzen Umgebung hatten sich (schon) ... vor dem Gerichtsgebäude eingefunden". Graf Wedel schreibt „Tausende von Menschen". Es sind Bewohner Lüdinghausens und der Umgebung, vor allem aus Seppenrade, die ihn in oben genannte Zwangslage bringen. Der Volksauflauf ist dadurch veranlasst, dass der „Caplan Moll aus Seppenrade die ihm zuerkannte Haftstrafe abgesessen hat und entlassen werden soll"[86]. Wie alle betroffenen Geistlichen in der Diözese Münster hat Moll die staatlichen Gesetze missachtet, denn sie widersprächen göttlichem Recht. Er leistet passiven Widerstand und hat sein Priesteramt – bis zur Verurteilung und

---

84 Siehe Weber, S. 176.
85 WAA, Haus Sandfort, Wedel C 152, vermutl. 21.7.1875 (s.u. FN 16!).
86 StAMS, Merkur, 21.7.1875.

Gefängnishaft – „gesetzwidrig" ausgeübt. Diesen Volksauflauf müsste der Landrat nun pflichtgemäß mit Gewalt unterbinden.

Auch in Lüdinghausen und Seppenrade ist die Rundverfügung angekommen, in der „Ovationen" und „Demonstrationen" aus kirchenpolitischen Anlässen „strengstens" verboten werden, dies vor allem bei der Entlassung der Priester aus dem Gefängnis. Übertretungen dieser Verbote müssen von den Polizeibehörden „unnachgiebig" unterbunden und „unbedingt" mit Geld oder Gefängnis bestraft werden.[87] Diese Polizeiverordnungen sind schon durch „Gassenausruf publiziert"[88]. Die „Eingesessenen" der Stadt und des Kreises Lüdinghausen wissen also, dass sie strafwürdig handeln, wenn sie bei der Entlassung Kaplan Molls „zusammenlaufen". Bismarck bezeichnet ein solches Verhalten als „revolutionär". Man bejubele Gesetzesübertretungen und verstoße gegen staatliche Gebote. Gegen solche „regierungsfeindlichen Demonstrationen" müsse mit Gewalt eingeschritten werden. Denn das Volk soll, falls nötig, auch gewaltsam von den Priestern

Kreisgerichtsgebäude in Lüdinghausen, heute Teil des Rathauses. Im Dachstuhl befindet sich die Gefängniszelle, in der Kaplan Moll seine Strafe abgesessen hat.

---

87 StAWe, D IV 501, vor allem 17.3. und 9. 4. 1875; D IV 643.
88 StAWe, D IV 624.

getrennt werden, so fordert es die liberale Presse. Die Zuspitzung in Lüdinghausen im Juli 1875 wird nun zeigen, ob dieses Ziel gelingen kann oder ob das gläubige Volk treu zu seinen Priestern steht.

Der „Westfälische Merkur", die Zeitung, die „offen und kühn" Partei ergreift für die katholische Seite[89], berichtet aus der Perspektive eines Lüdinghausener Bürgers von diesem Vorfall im Kulturkampf, der sich bei der Entlassung Molls nach dessen Gefängnishaft ereignet.[90] „Um 9 ½ Uhr hat der Caplan seine Strafe abgesessen. ... Die Polizei (also Wedel als Chef) ... hält ihn (Moll) noch ferner in Haft". „Alles von Nah und Fern freute sich, das ... Opfer des Culturkampfes ... aus der Haft der Freiheit wieder geschenkt sehen zu können". Diese Freude teilt Wedel nicht. Er ist als Chef der Polizei verpflichtet, den „Volksauflauf" zu unterbinden. Die Verfügungen der Behörden zu solchen Anlässen sind sehr streng.

In seinem Tagebuch beklagt Wedel es sehr, dass die kirchenpolitischen Gesetze seine Arbeit als Landrat „nicht wenig" erschwerten.[91] Er muss als Protestant in einem völligen katholischen Umfeld agieren. 98% der „Eingesessenen" seines Landkreises sind katholisch. Und fast alle sind bei „maigesetzlichen Maßnahmen" immer wieder von einer „dumpfen Gärung" oder „Erbitterung" beherrscht. Spränge in der Menge ein „revolutionärer Funke"[92] über, reichten die geringen Polizeikräfte vor Ort für ein gewaltsames Vorgehen kaum aus. Im gesamten Landkreis mit etwa 50 000 Einwohnern auf 700 qkm gibt es nur etwa einen Polizisten pro 3000 Einwohner. Zudem stehen nur wenige von diesen etwa 15 bis 16 Polizisten in Lüdinghausen zur Verfügung. Falls Soldaten aus der nächsten preußischen Kaserne herbeordert würden und einträfen, vergingen mehrere Stunden.

---

89 Massenkeil, S. 104.
90 StAMS, Merkur, 21.7.1875.
91 WAA, Haus Sandfort, C 112 Tagebuch Wedel, S.60.
92 Naarmann, S.31 ff.

Wedel versucht der gefahrvollen Situation dadurch aus dem Weg zu gehen, dass er die Entlassung Molls hinausschiebt. Er „befürchtet nämlich ... Revolution oder sonst etwas Reichs- oder Staatsgefährliches". Die Polizei der Stadt Lüdinghausen hat von ihm „den gestrengen Befehl erhalten, Caplan Moll nicht eher zu entlassen, bis alles Volk den Platz vor dem Gericht verlassen" hat. Wedel hofft also, dass die „regierungsfeindliche" Situation sich dadurch entschärft, dass sich die „Demonstranten" mit der Zeit verlaufen werden.

„Rebellische Untertanen – fromme Bürger"

Die Freude des Volkes schlägt jedoch wegen dieser Verzögerung in Enttäuschung um. „Eine dumpfe Gärung des Unwillens über diese Polizeimaßnahme ging durchs Volk". Trotzdem wartet Wedel weiter ab. Der Himmel scheint seine Taktik zu begünstigen. „Der Regen goß in Strömen". Daher glaubt Wedel zuversichtlich an eine Entspannung. Ruhig saßen er, sein Kreissekretär und der Amtmann Brüning im nahen Gasthofe. Doch im murrenden Volk werden „viele Stimmen laut, sie wichen nicht eher von hier, bis Moll entlassen sei, und währe es auch 3 Tage und regne es auch Steine".

Der trotzige Wille des Volkes vor dem Gerichtsgebäude lässt Wedels klugen Plan scheitern. Einer Entscheidung darüber, „Gewalt einzusetzen" oder die Aktion zu dulden, kann er jetzt nicht mehr ausweichen. Diese fällt ihm offensichtlich immer noch recht schwer; er wartet weiterhin ab. Im Volk steigt derweil „die Erbitterung immer höher, je mehr sich der Mittag näherte".

Gegen 1 Uhr begibt sich schließlich der Bürgermeister der Stadt Lüdinghausen zu Wedel in den Gasthof, um die Erlaubnis zur Freilassung Molls zu erlangen. Eines seiner Argumente ist, dass „sich das Volk so ziemlich verlaufen habe". Doch vermutlich traut Wedel dieser Information nicht. Er zögert nämlich immer noch. Der Regen hat aufgehört, „der Himmel wurde heiter". Erst gegen 2 Uhr bricht Wedel zum Kreisbüro auf. Er gibt dort dem Bürgermeister Wormstall die Erlaubnis, Moll zu entlassen, sobald sich das Volk verlaufen habe. Kurz darauf eilt der Bürgermeister Wormstall von dort zum Gefängnis und knapp vor 2.30 Uhr tritt Kaplan Moll in Begleitung des Pfarrers und des Bürgermeisters aus dem Gerichtsgebäude.

Wedels Vermutung erweist sich als richtig. Das Volk hat sich offensichtlich nur in die umliegenden Gassen zurückgezogen; denn wie ein Lauffeuer verbreitet sich im Nu die Nachricht über die Freilassung. „Von allen Seiten strömte das Volk herbei." Danach beginnt genau das, was die preußischen Behörden als „regierungsfeindliche Demonstration" bewerten. Das möchte sich der Landrat Graf von Wedel nicht mehr anschauen, nachdem er die Verantwortung auf den Bürgermeister abgeschoben hat. „Unmittelbar vor der Freilassung hatte der Landrat auf einem Seitenweg zu Pferde die Stadt verlassen". Er

Das Wasserschloss Sandfort

reitet vermutlich nach Hause auf seine zehn Kilometer entfernte Residenz, zum Wasserschloss Sandfort. Der Artikel im „Westfälischen Merkur" suggeriert, dass Wedel vor den Folgen seiner duldsamen Haltung weggeritten sei. Vieles spricht für diese Einschätzung.

„... unter begeisterten, nicht enden wollenden Hochrufen" wird der Kaplan Moll dann um 2.30 Uhr empfangen, als er neben dem Bürgermeister aus der Tür des Gerichtsgebäudes tritt. Er besteigt einen eleganten Wagen und wird „im Triumph" mit einem großen Ehrengeleit von Reitern und Wagen nach Seppenrade „eskortiert". Die große Volksmenge aus der ganzen Umgebung wächst „unaufhörlich". Selbst entferntere Gemeinden sind vertreten. „... sämtliche Chausseebäume (sind) reich beflaggt", obwohl dies strengstens unter

Taufstein (1635) und Pieta (Ende 17. Jh.) sind aus der romanischen Kirche St. Dionysius in Seppenrade, die abgerissen wurde, 1887 in den Neubau übernommen worden. Der Taufstein wird in der Zeit des Kulturkampfes zum Symbol für die Kirchentreue der Katholiken. Die Pieta ist ein Zeichen der außerordentlichen Marienverehrung, die auch Papst Pius IX. sehr am Herzen lag.

Androhung eines Bußgeldes von 9 Reichsmark, einer damals sehr hohen Summe, vom Amtmann Brüning verboten worden ist. Als der Zug unten am Berg vor Seppenrade ankommt, läuten alle Glocken. Dem riesigen Zug aus Lüdinghausen entgegen „strömen nun sämtliche Seppenradener" und empfangen Moll mit wiederholten Hochs. Auf dem Weg durchs Dorf streuen Jungfrauen Blumen. Vor der Wohnung Molls folgt ein Hoch und Hurra dem anderen, Reden werden gehalten, Gedichte vorgetragen. Ein Chor festlich geschmückter Jungfrauen singt ein eigens für den Tag verfasstes Lied. In ihm gelobt die ganze Gemeinde „unverbrüchlich treues Festhalten an der Kirche und ihren Dienern". Und zur Bekräftigung singt die versammelte Volksmenge das Lied, das in solchen Situationen immer wieder erschallt: „Fest soll mein Taufbund immer steh'n ...".

Behördliches und juristisches Nachspiel zum „Demonstrationszug"

Für Wedel ist der Konflikt mit seinem Rückzug zum Schloss Sandfort nicht ausgestanden. Der „Westfälische Merkur" kritisiert bissig, dass Wedel den Kaplan Moll wie einen Verbrecher über die gerichtlich festgesetzte Haftstrafe hinaus in Haft genommen habe. Dem entgegen wirft ihm die „Provinzialzeitung", ein Blatt der preußischen Provinzialregierung, heftig seine „Duldsamkeit" vor. Wedel ist sehr verärgert darüber, dass der Amtmann Brüning dazu offensichtlich kompromittierende Informationen geliefert hat. Er schreibt dem ihm untergebenen Amtsträger „freundlichst Notizen auf", wie der sich „in einer objektiven Darstellung versuchen" könne.[93]

Vor allem aber muss sich der Graf gegen Rügen und Vorwürfe seiner ihm übergeordneten Behörde in Münster wegen seiner Nachgiebigkeit verteidigen. Die Rügen aus Münster sind „heftig" gewesen; denn

---

93 WAA, Haus Sandfort, C 152, Wedel, 23.7.1875.

Graf von Wedel rechtfertigt sich vehement in zwei äußerst umfangreichen Schreiben. Seine Argumente wirken stichhaltig: Gewalt hätte bei der großen Anzahl der Leute angesichts des „Aufruhrs" unabsehbare Folgen gehabt. Man hätte Märtyrer geschaffen; dadurch wäre die Autorität der Behörde beschädigt worden. Er habe Gewalt vermieden und damit eine „große Anzahl von Leuten vor schwerem Leid" bewahrt[94]. Er habe versucht, „Ruhe und Ordnung" zu sichern.

Wedels Nachgiebigkeit der katholischen Aktion gegenüber entspricht nicht seiner inneren Überzeugung. In seinem Tagebuch vertritt er eher eine harte Haltung des protestantischen Liberalismus und des preußischen Patriotismus. Dort schreibt er, die weltliche Macht müsse gegen Rom kämpfen, das dem Papst gottähnliche Eigenschaften zuerkenne. In offener Auflehnung stehe die katholische Kirche dem Staat gegenüber. Das katholische Volk folge blind seinen Verführern und erkenne nicht, dass der preußische Staat es nur von der geistigen Knechtschaft erlösen wolle.[95]

Mit seiner Kritik an zwei beteiligte Personen versucht Graf Wedel in seinen Schreiben nach Münster seinerseits Verantwortung abzuschieben. Er argumentiert zunächst: Von seiner Ermächtigung, Moll freizulassen, habe der Bürgermeister Wormstall zu früh Gebrauch gemacht. Diese Rechtfertigung wirkt wenig überzeugend, da seine „Ermächtigung" recht schwammig gewesen ist.

Vor allem aber lastet der Landrat die Verantwortung für die „Demonstration" Kaplan Moll an. Dieser habe absichtlich die jubelnde Begrüßung durch die Menge provoziert. Er habe gewartet, bis das Gefolge und die Ehrenformation sich für ihn geordnet hätten. Schon bei seiner Verhaftung habe Moll das Volk aufgewiegelt. Moll habe eine ihm gnädig zugestandene Kaffeepause dazu benutzt, durch

---

94 Ebenda, vermutl. 21.7.1875 (Entwürfe verschiedener Schreiben, Daten und Zuordnung unklar).
95 WAA, Haus Sandfort, C 112, Tagebuch, S. 62.

Schulkinder das „Attentat gegen ihn ausschreien zu lassen. Und als das ganze Dorf versammelt war, erschien er in theatralischer Weise mit den Worten: 'Herr Amtmann hier bin ich, doch ich folge nur der Gewalt'. Alles Volk schluchzte und weinte." Hier werde deutlich, so schreibt Wedel, dass Moll, wie ein „gehässiger" Artikel im „Merkur" es diesem anempfohlen habe, seine Haft als Martyrium für seine Prinzipien auf sich genommen habe.

Entgegen Wedels Kritik lässt der Jubel in Lüdinghausen und Seppenrade erkennen, dass sich Menschen für eine Sache oder für Personen nur „provozieren" lassen, die begeistert sind von deren „Prinzipien". Mit spontaner Aktion, mit vorausschauender Planung, mit Mut und Ausdauer, beständig und treu haben sie sich hinter ihren Priester gestellt. Kaplan Moll hat die Aktionen nicht provoziert, sie waren umsichtig vom Volk vorbereitet. Ein eleganter Wagen, eine Reitereskorte standen lange vorher bereit.

Andererseits setzt Kaplan Moll durchaus geschickt Mittel der Massenbeeinflussung ein. Dabei folgt er einem von allen Katholiken sehr geschätzten Vorbild, seinem Bischof. Moll gebraucht bei seiner Verhaftung fast die gleichen Worte, wie sie der Bischof bei seiner Festnahme verwendet hat. Beide nehmen die Haft in einem preußischen Gefängnis in Kauf wie ein Martyrium, so formuliert es Wedel mit Recht.

In der Folge ist Wedel weniger nachsichtig. Er leitet umfangreiche polizeiliche Untersuchungen ein gegen zahlreiche Personen, die an dieser „regierungsfeindlichen Demonstration" teilgenommen hätten. Doch die Verhöre erbringen kein belastbares Ergebnis. Ebenso erfolglos bleibt die polizeiliche Untersuchung auch zu anderen strafwürdigen Taten, so etwa dazu, Straßen und Plätze beflaggt zu haben. Der Polizist aus Olfen gibt zu Protokoll, niemand habe auf seine Frage nach den Urhebern der Beflaggung eine Antwort gegeben. Es gibt in Seppenrade „keinen Verräter". Nur die „Urheber", die laut Anklage als Signal in Lüdinghausen die Brandglocke geläutet hätten, können zweifelsfrei ermittelt werden. Drei Arbeiter, beim Kirchturmbau beschäftigt, geben die „Untat" zu. Sie behaupten aber, dass das Läuten unabsichtlich, nur versehentlich geschehen sei. Sie werden allerdings wegen groben Unfugs zu einer Geldstrafe verurteilt.

Der beispielhafte Triumphzug von Lüdinghausen zum 3,5 km entfernten Seppenrade veranschaulicht eindringlich, dass der Versuch, Kirchenvolk und Priester zu spalten, nicht nur kläglich scheitert, sondern dass die Kulturkampfstimmung alle Katholiken eng zusammenschweißt. In dem oben genannten Zeitungsbericht wird betont, dass der Zug nach Seppenrade „in schönster Ordnung" abgelaufen sei; es habe „keine Störung, keine Unruhe" gegeben. „Wäre die Polizei (gleich Wedel) nicht eingeschritten, dann hätte sich keine Erbitterung der Gemüther bemächtigt". Diese Bewertung soll verdeutlichen, dass es keinen „revolutionären Funken" gibt. Der Widerstand des katholischen Volkes bleibt wie der der Priester passiv.

Auch die preußische Seite versucht offensichtlich insgesamt, die Konfrontation nicht auf die Spitze zu treiben. Es gibt nirgendwo einen ausdrücklichen Schießbefehl. Der Stadtkommandant in Münster hat sich zudem mehrfach geweigert, für angeforderte Soldaten den Marschbefehl zu erteilen.[96] Eine der Begründungen dafür lautet: „Hurrarufen sei nicht ungesetzlich!"[97] In Münster gibt es zwar Verletzte durch Bajonett-Stiche; aber ein Schuss ist nicht gefallen. In Attendorn ist einmal ein Schuss gefallen, aber eher zufällig.[98] In Brilon sind 10 Polizisten und 40 Infanteristen aus Kassel aufmarschiert. Doch regelrechte Straßenkämpfe gibt es nicht. Allein aus Witten sind umfangreiche Gewaltakte berichtet worden. Hier verknüpfen sich die religiösen Konflikte mit sozialen. So müssen zehn Demonstranten

---

96 Siehe Ficker, S. 103; siehe auch Schürmann, S. 33.
97 Schürmann, S. 33.
98 Siehe Falter, S. 49.

nach heftigen Auseinandersetzungen mit schweren Stichverletzungen ins Krankenhaus eingeliefert werden.[99]

Bischof Johann Bernhard Brinkmann unnachgiebig

Bischof Johann Bernhard Brinkmann hat die Pfarrdechanei in Werne nach dem Tod des Dechanten Overhage nicht neu besetzt. Da er die Maigesetze als Unrecht gegen Gott empfindet, verweigert er vor allem weiterhin konsequent die geforderte Anzeigeverpflichtung oder besetzt vakante Stellen nicht neu. In einem Brief an den preußischen Oberpräsidenten in Münster schreibt der Bischof, es sei eine Wiederbesetzung der Stelle in Werne nicht sinnvoll, weil „die von ihm [dem Bischof] ernannten Priester alsbald in Anklage versetzt und von ihren Gemeinden gewaltsam getrennt würden"[100].

Für einen Gegenzug im Machtspiel haben die verschärften Gesetze des Jahres 1874 schon vorgesorgt: Die Bischöfe werden verpflichtet, vakante Stellen innerhalb eines Jahres neu zu besetzen. Daher wird Bischof Johann Bernhard einmal wieder zu einer Geldstrafe verurteilt, und zwar diesmal zur Zahlung der damals sehr hohen Summe von 1200 Reichsmark, weil er drei Pfarrstellen, darunter die in Werne, nicht wieder besetzt hat.[101] Auch andere Kulturkampfgebote missachtet er. Deswegen ist er mehrfach zu empfindlichen Geldstrafen verurteilt worden. Die türmen sich bis zu 7.200 Reichsmark auf. Das entspricht etwa seinem Jahresgehalt.

Der Bischof erkennt nicht nur die Maigesetze nicht an, sondern auch nicht die Kompetenz der Gerichte in rein kirchlichen Angelegenheiten. Für die Kirche sei Gott, nicht der Staat die Basis des Rechts[102].

---

99 Siehe Hiepel, S. 35.
100 Scholle, Preußische Strafjustiz, S. 124.
101 BAM, Sonntags-Blatt 1875, Jahrg. 34, S. 159.
102 Scholle, S. 146.

Drei Wochen vor seinem Besuch in Werne hat der Bischof in Kleve vor Gericht gestanden, weil er in einer „den öffentlichen Frieden gefährdenden Weise" den preußischen Staat beleidigend angegriffen habe. Die äußerst umfangreiche Anklageschrift zitiert vor allem einen Satz, der sich in verschiedenen Variationen wiederholt: „Die Gesellschaft spaltet sich in katholisches Christentum und modernes Heidentum …; heftige Verfolgungen sind eingetreten; … die Kirche wird aus diesen Leiden und Kämpfen siegreich hervorgehen, wenn auch tausend Höllen sich gegen sie erheben; …" [103].

In Kleve erscheint der Bischof das erste und einzige Mal vor Gericht. In seiner Verteidigung drückt der Bischof unter anderem sein Erstaunen darüber aus, wieso denn jemand unterstellen könne, dass er mit „tausend Höllen" den preußischen Staat gemeint haben könne. Er habe vielmehr die gottlosen Atheisten unter den Sozialisten und Liberalen im Kopf, die das Christentum bekämpften. [104] Das Gericht spricht den Bischof frei.

Wappen des Bischofs Johann Bernhard Brinkmann seit 1870. Sein Wahlspruch: „Alles und in Allem ist Christus"

Wappentier in Dienstschreiben des Preußischen Königreiches. Wahlspruch: "Mit Gott für König und Vaterland"

---

103 Scholle, S. 136.
104 Scholle, S. 136f.

Zug um Zug – Die Versteigerung der bischöflichen Habe als öffentliche Lustbarkeit

Alle übrigen Gerichtsvorladungen hat Brinkmann ignoriert; die verhängten Geldstrafen akzeptiert er nicht. Er lehnt es auch konsequent ab, dass reiche Bürger diese Strafen für ihn bezahlen. Schon im Januar 1874 hat die preußische Regierungsbehörde in Münster gemäß den Maigesetzen 1873 eine Zwangsvollstreckung zwecks Eintreibung der bis dahin schon sehr hohen Strafsumme angeordnet. Alle pfändbaren Besitztümer des Bischofs sollen auf dem Domplatz in einer großen Auktion versteigert werden. Doch trotz hoher Lohnversprechungen finden sich in Münster zunächst keine Arbeitskräfte, die die Pfandobjekte aus dem Bischofspalais hinausgeschafft hätten. Zwei Arbeiter fangen schließlich nur unter großem polizeilichem Zwang doch an, Mobiliar hinauszutragen. Doch unter dem Gelächter und dem Jubel einer Menschenmenge, die den Domplatz füllt, werden sie von ihren Frauen bedrängt, beschimpft und schließlich gezwungen, mit der Arbeit aufzuhören. Die schon heraus geschafften Möbel werden unter Hoch- und Hurrarufen der Menge wieder zurückgetragen. Jetzt ist jeder bereit, anzupacken. 8 Männer tragen eine hölzerne Bank, 3 einen Stuhl.[105]

Nach dem Scheitern dieser Versteigerung soll der nächste Abtransport um 2.30 Uhr in einer Nacht- und Nebelaktion abgewickelt werden. Doch das Geheimnis kann nicht bewahrt werden. Auch dieser Versuch scheitert schließlich unter dem Druck einer großen Menschenmenge. Dabei kann sich auch eine Kavallerieeinheit nicht durchsetzen. Erst ein dritter Versuch zum Abtransport der Pfandobjekte gelingt, und zwar nur, weil eigens dafür acht Arbeiter aus dem protestantischen Tecklenburg mit der Eisenbahn herbeigeschafft

---

105 Schürmann, S. 37.

worden sind. Von der Polizei werden sie zum bischöflichen Palais geleitet. Dort können sie unter dem Schutz von Polizisten und von über 30 Soldaten die Möbel herausschaffen.

Zur Versteigerung strömt wieder eine große Menge auf dem Domplatz zusammen. Dabei bieten Kaufleute aus Münster nach genauen Absprachen die Beträge, die für die Begleichung der Strafsumme nötig sind. Jede Kleinigkeit wird zur politischen Demonstration genutzt. Bei wertvollen Gegenständen fallen nur sehr geringe Erlöse an, für fast wertlose Objekte sehr hohe. So wird ein Gegenstand, der nur einen Taler wert ist, für 300 Taler ersteigert. Es ist eine Gipsbüste Pius' IX. Am Ende der Versteigerung tragen eifrige Bürger und Studenten unter nicht endendem Jubel alles wieder ins bischöfliche Palais zu-

Das bischöfliche Palais am Domplatz in Münster

rück, die Gipsbüste Pius' IX. mit einem Lorbeerkranz umwunden. Einige Wochen später erzielt eine Gipsbüste Kaiser Wilhelms bei einer Versteigerung nur 3 Mark. Auf die Verwunderung eines Fremden über den enormen Preisunterschied antwortet ein Bürger Münsters: „Du dumme Kähl, dat was auk en ganz annern Gips!"[106]

Der Bischof in Bedrängnis: Gefängnishaft und Flucht ins Exil – Huldigung des katholischen Volkes

Der Bischof wird schließlich zu einer Gefängnishaft verurteilt. Da er der Aufforderung, sich am Gefängnistor zu melden, nicht nachkommt, wird er zwangsweise am 27. April ins Gefängnis nach Warendorf abgeführt. Eine riesige Menschenmenge verabschiedet ihn in Münster. Eine fast ebenso große Menge empfängt ihn in Warendorf.[107] Die Gefängnistore sind über und über mit Girlanden geschmückt. Die preußischen Behörden verstehen das so, wie es gemeint ist – als eine Missachtung der Autorität des Staates. Die Katholiken empfinden diesen Staat als „ungerecht".

Die Gläubigen aus der gesamten Diözese Münster bekunden dem Bischof in dieser Phase der Bedrängnis ihre unverbrüchliche Treue und rückhaltlose Unterstützung. Es gibt zahlreiche Listen mit gesammelten Unterschriften, mit denen dem Bischof versichert wird, dass alle Pfarrmitglieder „unerschütterlich ewig treu zum Bischof" stünden und gern bereit seien, „die Gefahren und Leiden desselben zu teilen"[108]. Und täglich kommen Abordnungen aus allen Teilen der Diözese nach Münster, um ihre Ergebenheit zu bekunden. An einem Tag im März 1874 sind schätzungsweise knapp ein Drittel der

---

106 Schürmann, S. 41.
107 Scholle, S. 138ff.
108 ebenda, S. 133.

erwachsenen Einwohner Wernes nach Münster gepilgert, um dem Bischof ihre rückhaltlose Unterstützung zu versichern.

Die Rückkehr des Bischofs aus dem Gefängnis nach Münster wird trotz Verbots des Regierungspräsidenten zu einem Triumphzug ohne Beispiel. Die Behörden sind machtlos. Ein merkwürdiges Detail kann diese Hilflosigkeit gut veranschaulichen. Vor seiner Entlassung aus der Haft wird der Bischof aufgefordert, dass er dem katholischen Volk jede Ovation, jede Feierlichkeit, jedes „Zusammenrotten" untersage. Der Bischof antwortet kühl, dass er als Insasse eines preußischen Gefängnisses nach außen keinerlei Befehle geben könne.

Angesichts der bisherigen Misserfolge drängen die liberale Presse, liberale Politiker und das Ministerium in Berlin zu konsequentem Durchgreifen. Kühlwetter fordert nun den Bischof zum Rücktritt auf. Das lehnt Brinkmann ab. Dem wachsenden Druck entzieht er sich jedoch dadurch, dass er ins Exil geht.

Daraufhin erwirkt der Oberregierungspräsident Kühlwetter ein Gerichtsurteil, das etwa ein Jahr später die Absetzung des Bischofs verfügt. Begründet wird das Urteil damit, dass der Bischof für die „revolutionäre" Opposition des Volkes gegen den preußischen Staat verantwortlich sei.[109] Man stellt ihn als revolutionären Rechtsbrecher hin. Das strenge Urteil bewirkt genau das Gegenteil dessen, was die Preußen erwartet haben. Obwohl der Bischof von den preußischen Behörden abgesetzt worden ist, bleibt Johann Bernhard Brinkmann für die Katholiken der Bischof ihrer Diözese. Im Volk steigt Brinkmanns enorme Popularität noch mehr. Sein Schicksal macht ihn zum Kämpfer für die gerechte Sache Gottes. Er erhält das schmückende Beiwort „Bekennerbischof"[110], wie die Märtyrer im antiken Rom.[111]

---

109 Scholle, S. 147; dazu BAM, Sonntags-Blatt 1873, Jahrg. 32, S. 837; ferner Sonntags-Blatt 1874, Jahrg. 33, S.10.
110 Siehe Lange, S. 197.
111 StAMS, Merkur, 10.3.75.

Parallel zu den einzelnen Aktionen und Reaktionen berichtet die zahlreiche, sehr schnell gewachsene katholische Presse regelmäßig über Christenverfolgungen zur römischen Kaiserzeit. Legenden der Märtyrer werden in Fortsetzungen abgedruckt. Besonders beliebt ist zudem, aus dem 2. Buch der Makkabäer (6, 18 - 28) zu zitieren, und zwar die Geschichte des Eleazar, der, statt dem Gesetz untreu zu werden, das Martyrium auf sich nimmt.[112] Zur Zeit der Veröffentlichung sitzt der Bischof von Münster gerade im Gefängnis.

Die Gläubigen können sich auch deswegen rückhaltlos mit ihren Bischöfen solidarisieren, weil sich die Rolle der Bischöfe seit der Säkularisation 1803 grundlegend gewandelt hatte. Jahrhunderte lang saßen auf den Bischofsstühlen fast ausschließlich Söhne der Reichsfürsten oder großer Adelshäuser. Die Fürstbistümer wurden in einer engen Verbindung von Thron und Altar als Mittel zur Steigerung weltlicher Macht genutzt. Jetzt kommen die Bischöfe aus dem Volk. Die Bischöfe von Münster, Johann Bernhard Brinkmann, und Paderborn, Konrad Martin, stammen aus kleinen Handwerkerfamilien. Ihr Streben richtet sich auf religiöse Erneuerung und Vertiefung. Es sind akademisch gebildete Männer voller Eifer für ihre Kirche und voll Sorge um die Seelen ihrer christlichen Herde.[113]

Von 1875 bis 1884, fast 9 Jahre, hat der Oberhirte des Bistums Münster im niederländischen Zwangsexil verbracht. So wie ihm ergeht es weiteren katholischen Bischöfen. Sieben von zehn preußischen Bischöfen sitzen entweder im Gefängnis oder leben im ausländischen Asyl. Oder sie haben sich versteckt und werden steckbrieflich gesucht. Der Bischof von Paderborn z. B. ist aus der Festungshaft in Wesel geflohen. Er ist aus seinem Exil in Belgien nicht mehr lebend nach Paderborn zurückgekehrt.

---

112 Lange, S. 197.
113 Franz-Willing, S. 46.

Gegenwehr: Versteckspiele der Priester gegen preußische Kontrollen

Pater Chrysostomus und die Priester in Werne und Seppenrade üben ihre „Seelsorge" nach Auffassung der preußischen Behörden verbotswidrig aus. Weil Pater Chrysostomus das in Olfen und auch in Seppenrade getan hat, wird er polizeilich gesucht. Von zahlreichen anderen Fällen wird berichtet, dass Ordensleute „heimlich über Land" gezogen sind und in den verwaisten Gemeinden ausgeholfen haben. Damit sie nicht erkannt werden, ziehen sie bürgerliche Kleidung an. Die Weltgeistlichen tragen jetzt einen Bart, die Ordensgeistlichen rasieren sich den Bart ab. Im Volksmund werden diese Priester „Sperlinge" oder „Zugvögel" genannt.[114] Diese Ausdrücke werden zu einer Art Ehrentitel. Patres und Priester können deswegen „im Untergrund" relativ gefahrlos ihrer Aufgabe nachgehen, weil es fast keine „Verräter" gibt. So schreibt etwa der für Seppenrade zuständige Amtmann Brüning an seinen Vorgesetzten, den Landrat in Lüdinghausen, dass seine Nachforschungen nach einem „maigesetzlichen" Vergehen kein Ergebnis erbracht hätten. „Die Erfolglosigkeit", so berichtet er resignierend an Wedel, überrasche ihn „um so weniger ..., als ähnliche Aufträge noch nie von Erfolg begleitet waren."[115] Bei der polizeilichen Untersuchung zum demonstrativen Geschehen in Lüdinghausen gibt der Polizist aus Olfen zu Protokoll, niemand habe auf seine Frage nach den Urhebern der Beflaggung eine Antwort gegeben. Andere Zeugen fehlen deswegen, weil der Polizeidiener Bolle aus Seppenrade sich geweigert hat, zur Kontrolle mit durchs Dorf Seppenrade zu gehen. Er wolle sich am Ende seiner Amtszeit „keine bösen Leute mehr machen"[116].

---

114 Siehe Schmidt-Volkmar, S. 167f., Falter, S. 82 u. S. 186.
115 WAA, Haus Sandfort, C 152; SA, LRLü 1115, 16.8.1877.
116 Ebenda, 22.7.1875, Protokoll Gendarm Kickelmann

Zum Versteckspiel gehört auch ein Warnsystem. Da heißt es z. B., als ein Kontrollbeamter im Anmarsch ist, „wie ein Lauffeuer verbreitete sich die Nachricht". Oft werden Posten aufgestellt. Mehrfach ist in den Quellen von einem Warnsignal die Rede, dem Läuten der Glocken. So wird ein Küster für das Läuten der Glocken wegen „groben Unfugs" zu 25 Talern Strafe verurteilt.[117] Der Amtmann Brüning hat gemeldet, dass bei dem Versuch, den gesetzwidrig amtierenden Vikar Fortkamp zu verhaften, zur Warnung die Glocken geläutet worden seien. Beim Jubelzug in Lüdinghausen ist das Läuten der Brandglocke das Signal, das Volk aus den umliegenden Straßen zusammenzurufen. Da es keine „Verräter" gibt, kann der Vikar Spithöver nach seiner Verbannung unerkannt aus dem benachbarten Regierungsbezirk über die Lippe kommen und im Fährhaus „heimlich" und „gebotswidrig" vor einem um ihn versammelten Publikum die Messe lesen.[118] Und er kann das über mehrere Monate hin deswegen relativ gefahrlos tun, weil es auch in Werne keinen „Verräter" gibt, der die „notorischen" Gesetzesübertretungen im Geheimen anzeigt oder bei einer polizeilichen Anzeige als Zeuge aufträte.

Mehrfach werden potenzielle Zeugen vor Gericht zitiert; sie ertragen eher eine Beugehaft, als einen Priester zu verraten. Auch unter Druck oder unter Androhung hoher Geldstrafen verweigern sie die Zeugenaussagen. Ein frommer Christ bekundet, er könne sich nicht erinnern, wer die Messe gelesen habe; er gehe zum Beten in die Kirche, nicht um Personen zu beobachten.

Der für Seppenrade und Olfen zuständige Amtmann Brüning, ein „verbissener Kulturkämpfer", hat die Anklage und die Fahndung nach Chrysostomus Branze beim Regierungspräsidenten beantragt. Die Art des Antrags und die der Suchanforderung lässt allerdings erkennen,

---

117 Scholle, S. 262.
118 SA, LRLü 165 und 1115, 22.4.1875.

dass die Informations- und Beweisgrundlage der Behörde sehr dürftig ist.

Strategische Hartnäckigkeit des katholischen Volkes

Für das katholische Volk wirkt damals das Fehlen bzw. der Mangel an Priestern wie ein großer seelischer Notstand. Eine tiefe Frömmigkeit und ein fester Glaube bestimmen ihr Leben. Die Menschen empfinden die Staatsgewalt als Zwang, der sie aus ihrem Paradies vertreiben soll. Sie sehen im Kulturkampf „eine Unterdrückung der katholischen Kirche"[119]. Daher folgen sie ihren Priestern im passiven Widerstand und unterstützen diese rückhaltlos. Fast alle Katholiken, vom Adeligen bis zum Kötter, vom reichen Kaufmann bis zum Tagelöhner, bilden eine geschlossene Front. Daher laufen die zahlreichen Kulturkampfmaßnahmen trotz großer Schäden und riesiger Beschwernisse ins Leere. Ein wesentliches Ziel Bismarcks und der liberalen Politiker, Priester und Volk zu trennen, verkehrt sich ins Gegenteil: der Kulturkampf vereinigt Volk und Priester noch enger.

Vor allem das Jubiläum zur Amtserhebung Papst Pius' IX. am 16. Juni wird jedes Jahr zu einer glanzvollen Demonstration mit Böllerschüssen, feierlichem Geläute, Beflaggung aller Häuser und prachtvoller Illumination. So berichtet es eine Quelle aus Herbern.[120] Dabei bekundet das Volk auch seinen Unmut und seine Empörung über die Aktionen der preußischen Behörden. Solche Feiern schaffen ein großes Solidaritätsgefühl und stärken die geschlossene Abwehrfront der Gläubigen.

Die preußischen Behörden reagieren mit verschärften Maßnahmen. Sie entziehen den Priestern in einem ersten Schritt die

---

119 Keinemann, S. 125.
120 Piusfeier in Herbern, siehe BAM, Sonntags-Blatt 1874, Jahrg. 34, S.429.

Existenzgrundlage. Mit dem sogenannten „Brotkorbgesetz" werden für alle renitenten katholischen Priester sämtliche finanziellen Staatsleistungen eingestellt. Diese Staatsleistungen sind historisch begründet. Sie gelten als Ersatz für die in der Säkularisation 1803 vom Staat eingezogenen umfangreichen Kirchengüter. Jeder Priester kann allerdings wieder in den Genuss der staatlichen Zuwendungen kommen, wenn er den Gesetzesgeboten folgt. Diese Gehorsamserklärung verweigern allerdings alle Priester in der Diözese Münster. Keiner ist bereit, den „Judaslohn"[121] in Empfang zu nehmen. In der Diözese Paderborn ist nur einer von insgesamt 1400 Priestern dazu bereit.

Das Scheitern dieses Versuches der Regierung provoziert wieder eine Gegenreaktion: Die Finanzverwaltung fordert Steuern von Priestern für das staatliche Geld, das diesen durch das „Brotkorbgesetz" vorenthalten worden ist.[122] Die betroffenen Priester und die katholische öffentliche Meinung protestieren mit dem Hinweis, dass es widersinnig sei, Steuern für etwas zu zahlen, was man gar nicht erhalten habe. Die Behörden antworten, dass die Priester die Steuern nicht zahlen könnten, sei deren Schuld. Ein einfacher Eid auf den preußischen Staat könne die finanzielle Notlage beseitigen.

Der Gegenzug der Gläubigen besteht darin, dass in allen katholischen Gemeinden, also auch in Werne, sich lange Schlangen nach den Messen bilden, die Opferkörbe am Altar „freudig" mit Spenden füllen.[123] Diese sollen die gesperrten Einkommen der Priester ersetzen. Es werden zudem Konten eingerichtet, auf die reiche Bürger hohe Summen einzahlen. Der Volksmund dichtet: „Gott, der die jungen Raben ernährt, auch ‚schwarzen Sperlingen' Brot beschert".[124] Mit spontaner Aktion, mit vorausschauender Planung, mit Mut und Ausdauer,

---

121 Zit. nach Strötz, S. 288.
122 Falter, S.133.
123 Siehe Ficker, S. 121; Falter, S. 128ff.; BAM, Sonntags-Blatt 1876, 35. Jg., S. 26.
124 Sommer, S. 46.

beständig und treu steht das katholische Volk auch in diesem Fall trotz aller Widrigkeiten hinter seinen Priestern.

Der Kirchenvorstand der Christophorus-Gemeinde in Werne sieht eine weitere Möglichkeit, die zwei Geistlichen finanziell zu versorgen. Sie sollen aus den Erträgen des umfangreichen Dechanei-Vermögens für ihre pastorale Tätigkeit eine finanzielle Entschädigung erhalten. Doch das preußische Vermögensamt in Münster lehnt einen entsprechenden Antrag des Werner Vermögensverwalters, des Bürgermeister Thiers, ab. Dieser erhält die strikte Amtsanweisung, dass für geistliche Amtshandlungen keineswegs Gelder aus dem Dechanei-Vermögen bzw. dessen Erlösen gezahlt werden dürften.[125]

In einem zweiten Schritt der neuen Strategie wird in einem Gesetz vom 20. Juni 1875 die Vermögensverwaltung aller katholischen Kirchengemeinden dem Kirchenvorstand und einer Gemeindevertretung übertragen. Problematisch an diesem Gesetz ist vor allem, dass eine Reihe von Rechtsgeschäften und Verwaltungsmaßnahmen von der staatlichen Genehmigung abhängig sind. Außerdem kann der Staat die Vorlage der Haushaltspläne und des Vermögensverzeichnisses verlangen. Das sind weit umfangreichere Eingriffe als die, die bisher die Verwaltung des Bischofs gefordert hat.

Die Ausführung dieses Gesetzes wird in den Gemeinden, die keinen gesetzlich angestellten Pfarrer haben, so in Werne, mit einer anderen Maßnahme verknüpft. Da das Dechanei-Vermögen in Werne seit August 1874 beschlagnahmt worden ist, könnte es der Verwaltung des Kirchenvorstands nur übertragen werden, wenn ein gesetzlich anerkannter Pfarrer im Amt ist. Mit einer Dienstanweisung vom 23. Juni 1875 weist Landrat Graf Wedel den Werner Bürgermeister an, eine Versammlung der katholischen Kirchengemeinde einzuberufen, damit diese einen Geistlichen für die Wiederbesetzung der vakanten

---

125 StAWe, C II 542, 13.5.1875; siehe auch 15.4.1875; ferner BAM, A 283, 30.11.1876.

Pfarrstelle wählt[126]. Die Mitglieder des Kirchenvorstandes werden nun vom Bürgermeister durch „Gassenausruf" einbestellt. Vermögensverwaltung und die Wahl eines Pfarrers werden miteinander verknüpft. Die Verpflichtung, dass die Gemeinden ihren Priester selbst wählen müssen, ist eine weitere Verschärfung der Kulturkampfmaßnahmen. Hiermit soll den Kirchenvorständen und der Gemeindevertretung eine unabhängige Stellung gegeben werden. Der Einfluss des Pfarrers wäre beschränkt. Das gerade ist das Ziel der kämpferischen Liberalen, die katholischen Gläubigen von „der Herrschaft des Klerus unabhängig zu machen". Werden die Gläubigen sich beeinflussen lassen?

Gemeindemitglieder und auch Kirchenvorstände, so auch in der Christophorus-Gemeinde Werne, versammeln sich sehr zahlreich, weigern sich aber ausdrücklich, zur Wiederbesetzung der Pfarrstelle der Christophorus-Gemeinde einen Priester zu wählen. Sie protestieren vielmehr gegen die Zumutung des Oberpräsidenten in Münster und betonen, dass „keiner weltlichen Behörde das Recht [zu] pfarramtlichen Verrichtungen" zustehen könne.[127] Oder sie geben zu Protokoll, dass sie nie einen „Staatspfarrer" als ihren „Seelsorger" anerkennen könnten.[128] „Nie und unter keinen Bedingungen werden wir uns verleiten lassen, unsere Geistlichen selbst zu wählen", so lautet eine Erklärung der Gemeinde in Seppenrade.[129] All diese Gemeindemitglieder sind fest davon überzeugt, dass sie „mündig" entschieden haben. Sie handeln entgegen den Vorurteilen der Liberalen nicht nur selbstständig, sondern auch mutig.

---

126 StAWe, D IV 501, 23.6.1875.
127 Sommer, S. 38; BAM, Sonntags-Blatt 1873, Jahrg. 32, S. 837 und S.820 und 1875, S.109 f.
128 Siehe Sommer, S. 38; auch Naarmann, S. 44.
129 BAM, Sonntags-Blatt,1875, S. 163, s. auch S. 113.

Seelischer Notstand der Gläubigen

Ein geistlicher Notstand in einer Gemeinde ohne Priester kommt für die Menschen damals einer Katastrophe gleich. Denn sie sind sehr gläubig und zumeist von einer tiefen Frömmigkeit beseelt. Die Werner Kirchen sind bei den zahlreichen Messen – weit zahlreicher als heute – regelmäßig überfüllt. Und das sowohl an Sonn- und Feiertagen als auch an Werktagen. Und es klingt für uns heute erstaunlich, wenn zum Beispiel in einer (!) Pfarrkirche in Essen 7 Messen an Sonntagen gehalten werden und wenn über eine Gemeinde im Münsterland zu lesen ist, dass an Samstagen durch Bank- und Stuhlreihen und durch die Ausgabe von Nummern der Andrang der Gläubigen vor den Beichtstühlen geregelt werden musste.[130]

Ein Priesternotstand belastet damals die Menschen existentiell. Dies lässt sich vor allem am Umgang der Menschen mit dem Tod veranschaulichen. Die Menschen fürchten einen „unseligen Tod", und zwar das plötzliche und schnelle Sterben. Dann träten sie nämlich unvorbereitet ohne Sterbesakramente vor Gottes Richterstuhl. Und das bedeutet nach der damaligen Vorstellungswelt unendlich lange Qualen im Fegefeuer oder sogar ewige Qualen in der Hölle. Es würde sich der Schrecken des Todes ins Unendliche verlängern, wenn es nicht das Rüstzeug durch die gnadenvollen Sterbesakramente der Kirche gäbe. Erst durch sie, versehen mit der Vergebung der Sünden, der Absolution und dem Gnadenleib Christi, ist die menschliche Seele gut gerüstet, vor Hölle und Fegefeuer bewahrt zu werden. Im Unterschied zu vergangenen Jahrhunderten ist den meisten Menschen heute die Angst vor Fegefeuer und Hölle genommen. Wir fürchten uns heute nicht mehr vor einem „schlimmen" Tod.

---

130 Siehe Hiepel, S. 34; siehe Blackbourn, S. 15.

St. Christophorus in der Pfarrkir-che zu Werne

In der Zeit der großen Pestepidemien im Spätmittelalter, in der in manchen Landstrichen Europas zwei Drittel der Bevölkerung dahingerafft wurde, entstand eine breite Bewegung, die in einem Heiligen einen hilfreichen Fürbitter gegen einen „unseligen Tod" sah, und zwar in dem Hl. Christophorus, einem der 14 Nothelfer.[131] In zahlreichen Gemeinden wird dieser Heilige zum Schutzpatron. In Werne ist er lange Zeit ein Patron neben dem Hl. Johannes dem Täufer. Etwa ab 1600 ist dann der Heilige Christophorus der alleinige Schutzherr der Werner Pfarrkirche.

Und noch im 19. Jahrhundert sind zahlreiche Katholiken von dem Glauben bestimmt, dass ein Blick auf das Standbild des Hl. Christophorus nebst einem Gebet für jenen Tag vor einem plötzlichen Tod schützt. Daher haben die überlebensgroße Christophorus-Standbilder wie in der Werner Pfarrkirche und im Dom zu Münster während des Kulturkampfes eine besondere Anziehungskraft. Denn so wie in Werne droht in zahlreichen Gemeinden die Befürchtung, dass die

---

131 Siehe Fuhrmann, S. 207ff.

Gläubigen ohne priesterlichen Segen sterben müssten. 601 Pfarreien sind in Preußen 1881 völlig verwaist. Im Reich fehlen 645 Hilfsgeistliche. Hunderttausende von Gläubigen sind völlig ohne jegliche Seelsorge. Sterbende bleiben ohne die Tröstungen der katholischen Kirche, Tote ohne kirchliches Begräbnis.

In einem einzigen Punkt haben die preußischen Behörden nach landesweiten Protesten nachgegeben, genötigt durch öffentlichen Druck, Empörungen und einige Gerichtsurteile. Einem Pfarrer ist verweigert worden, die Pfarrgrenze zu überschreiten, damit er einem Todkranken die Sterbesakramente bringen könne. Es liege kein Notfall vor; doch der um Hilfe Flehende stirbt nach kurzer Zeit.[132] Nach dem darauf folgenden Proteststurm dürfen die Sterbesakramente straffrei auch von sonst „gesetzwidrig" handelnden Priestern erteilt werden.[133] Nur in diesen Fällen wird zudem eine Aushilfe über die Gemeindegrenze hinweg erlaubt.

Der Werner Bürgermeister in der Zwickmühle

Wie Landrat Graf Wedel in Lüdinghausen steht auch der Werner Bürgermeister in der Zwickmühle. Bernard Thiers, im Jahr 1875 48 Jahre alt, befindet sich in keiner beneidenswerten Position. Auf der einen Seite ist er den Bürgern der Stadt Werne verpflichtet. Er wohnt mitten in der Stadt, im Haus 286 am Kirchhof. Die Werner Bürger haben ihn indirekt über neun Stadtverordnete gewählt. Diese neun Stadtverordnete gehören nur einer Partei an, dem katholischen Zentrum. Bei Wahlen stimmen die Katholiken fast geschlossen für diese Partei. Die Einwohner in Werne Stadt sind zu knapp 95 Prozent katholisch. 1,02 Prozent der Bevölkerung sind evangelisch, 5,04 Prozent sind Juden.

---

132 Siehe Falter, S. 83.
133 Ebenda; siehe auch S.101; Ficker, S.267; BAM, Sonntags-Blatt 1876, Jahrg. 35, S.9f.

Im dritten Teil eines versiegelten Briefes erteilt Landrat Wedel eine Rüge, die ein bezeichnendes Licht auf die Situation in Werne wirft. Er verlangt „baldmöglichst" eine Mitteilung von Thiers und Custodis, dem Amtmann der Landgemeinden, ob die gemeldeten Krankheiten, vor allem die des Gendarmen Hillebrand, langwierig seien. Er finde es sehr auffallend, dass häufig dort, „wo die Durchführung der Maigesetze ernsthafte Maßregeln erfordert, die dazu berufenen Organe durch Unwohlsein an der Ausübung ihrer beschworenen Pflichten behindert worden sind". Diese Rüge zeigt, dass der Bürgermeister und auch der Gendarm in Werne versucht haben, einer großen Konfrontation aus dem Weg zu gehen.

Ein sehr gefühlsbetontes Dienstschreiben an den Landrat macht deutlich, dass Thiers sich im Januar 1875 in sehr großer Not sieht. Ihm und dem Polizeidiener Overmann bürde man allein Zwangsmaßregelungen auf. Er meldet sich krank. Er könne persönlich zur Amtsausübung als Bürgermeister nicht „auftreten", da er an einem „Fußübel" leide. Er verweist zudem auf Terminschwierigkeiten. Und zum Schluss des Schreibens bittet er, das „Königliche Landratsamt ... gehorsamst, ... dass ... eine zwangsweise Entfernung des Spithöver im Interesse der hiesigen Verwaltung nur von auswärtigen Beamten vorgenommen werde"[134]. Ihm fällt dann ein Stein vom Herzen, als Spithöver erklärt, dass er freiwillig abreise.

Die Werner Wähler stehen in fast völlig geschlossener Einigkeit hinter ihren Geistlichen und ihrem Bischof. Daher werden sie von ihrem katholischen Bürgermeister im Kulturkampf ein weitgehendes Wohlverhalten zugunsten der Kirche erwartet haben.

Wenn Thiers anders handelt, gefährdet er nicht nur seine Wiederwahl, sondern ihm droht die Missachtung oder gar der Zorn der Bürger. Zudem läuft Thiers auch Gefahr, dass ihm als gläubigem Katholiken die

---

134 SA, LRLü 165, 22. 1.1875.

Absolution in der Beichte verweigert wird, wenn er streng gegen die Interessen der Katholiken vorginge. So jedenfalls ist es mehrfach in anderen Gemeinden geschehen.[135] Ein Kaplan in Geldern (Rheinland) z. B. hat dem dortigen Bürgermeister die Absolution verweigert, weil dieser das kirchliche Vermögen beschlagnahmt hatte.[136] Der Kaplan wird deswegen zu einem Monat Gefängnis verurteilt. Die Verweigerung der Absolution bedeutet für einen gläubigen Katholiken die Gefährdung seines Seelenheils.

Auf der anderen Seite verwaltet Bernard Thiers als Bürgermeister ein Amt des preußischen Königreiches. Er hat staatliche Aufgaben zu erfüllen. Dazu gehört vor allem die Polizeiverwaltung. Dem Bürgermeister untersteht die Ortspolizei. Er muss die behördlichen Anweisungen notfalls mit Gewalt durchsetzen. Zu seinen Kernaufgaben zählt die Aufrechterhaltung der öffentlichen Ruhe und Ordnung. Genau die ist im Januar und Februar 1875 erheblich gefährdet, und zwar gerade durch all diejenigen katholischen Bürger, die Thiers über die neun Stadtverordneten indirekt gewählt haben. Da er weisungsgebunden ist, muss er mit einem Disziplinarverfahren rechnen, falls er eine Anweisung nicht ausführt. Im Ernstfall droht ihm die unehrenhafte Absetzung.

Brüning, der Amtmann der Landgemeinden rings um Lüdinghausen, verkörpert das genaue Gegenteil zu Thiers; er sieht sich nicht in einer Zwickmühle. Er schickt im Mai, Juni und Juli 1874 zahlreiche Anzeigen nach Münster, in denen die ungesetzlichen Amtshandlungen der beiden Geistlichen in Seppenrade, Vikar Fortkamp und Kaplan Moll, genau und zahlreich aufgelistet werden.[137] Ebenso fordert er ein Strafverfahren gegen den Kapuzinerpater Chrysostomus Branze[138], weil

---

135 Siehe Falter, S. 264; Scholle, S.250f.
136 Siehe Scholle, S. 250 f.
137 SA, LRLü 1115, Juni und Juli 1874.
138 SA, LRLü 1115, 18./24.4. u./ 10./ 12./ 20. 5. 1874.

der in Olfen und Seppenrade „verbotswidrig" die Messe gelesen hat. Brüning hat mehrfach vom Grafen Wedel und auch von der Regierungsbehörde in Münster ein härteres Vorgehen gegen die seiner Meinung nach provokativen „ungesetzlichen" Handlungen der Geistlichen in Seppenrade verlangt.[139] Wegen dieses Drucks ist Kapuzinerpater Chrysostomus steckbrieflich verfolgt worden[140], und Vikar Fortkamp und Kaplan Moll sind mit harten Strafen belegt worden.

Die Polizisten handeln in Seppenrade ähnlich wie in Werne. Der Polizeidiener weigert sich, Kaplan Moll zu verhaften. Der Olfener Gendarm aus der Nachbargemeinde, als Ersatz herbeordert, tritt gerade einen vierwöchigen Urlaub an.[141]

Im Zugzwang - Auflösung der Klostergemeinschaften

Auf kirchlicher Seite verschärft vor allem Papst Pius IX. die Spannungen vor Ort. In einer Enzyklika vom 5. Februar 1875 ruft er erneut zum Widerstand gegen die Maigesetze auf. Er droht jedem Katholiken die Exkommunikation an, der sich den preußischen Forderungen beugt und den Maigesetzen folgt.[142]

Mit dieser Enzyklika hat der Papst weniger die sowieso treuen Gläubigen als vielmehr Bismarck und die liberalen Gegner im Blick. Er betont damit herausfordernd seine Unnachgiebigkeit. Diese Enzyklika und vor allem der Misserfolg der bisherigen Maßnahmen verstärken den Missmut Bismarcks, der liberalen Parteien und der preußischen Behörden. Der preußische Druck seit Mitte des Jahres 1874 bringt die Kirche zwar vielfältig in Not, doch wieder hat sich niemand gebeugt. Die Liberalen und die Behörden müssen im Frühjahr 1875

---

139 SA, LRLü 1115, 29.8.1876.
140 SA, LRLü 165, 22.7.1876.
141 BAM, Sonntags-Blatt, 1875, S. 400.
142 Franz, S. 237; Ficker, S. 134.

auch die Strategie des Jahres 1874 als gescheitert ansehen. Keine ihrer Maßnahme hat sie dem Ziel auch nur einen Schritt näher gebracht. Der gesamte Klerus lehnt jedes Nachgeben ab, und das katholische Volk, ob arm oder reich, adelig oder bürgerlich oder aus den Unterschichten, steht geschlossen hinter seinen Seelsorgern.

Daher planen die Behörden eine weitere Verschärfung. In den Maigesetzen des Jahre 1875 wird eine Zuspitzung festgeschrieben. Die Klöster sind ins Blickfeld der unnachgiebigen Kulturkämpfer geraten. Betroffen davon sind auch die Kapuziner in Werne.

Eine frühere Anordnung forderte, dass in einer Pfarrei keine Aushilfe von außerhalb mehr erlaubt sei. Geistliche Amtshandlungen durften nur in einem „gesetzlich übertragenen Amt" vorgenommen werden. Die Kapuziner aus Werne hatten in den vom Priesternotstand betroffenen Gemeinden, in Werne, Seppenrade, Olfen und auch anderen Gemeinden rings um Werne, ausgeholfen. Ihnen war damit jetzt jede seelsorgerische Tätigkeit außerhalb ihres Klosters verboten. Auch dieses Verbot ist weitgehend fehlgeschlagen.

Zwar hat der Amtmann Brüning Pater Chrysostomus angezeigt, weil dieser das Verbot missachtet habe. Doch die Beweisgrundlage des Amtmannes ist dürftig gewesen. Vor allem hat schließlich die Staatsanwaltschaft den Fall Branze auch aufgrund der bischöflichen Berufungsurkunde juristisch anders beurteilt als der Oberpräsident in Münster. Bürgermeister Thiers in Werne erhält im Mai 1874 ein Schreiben der Staatsanwaltschaft, dass von der Verfolgung des Kapuziners Branze zunächst Abstand genommen werde.[143]

Für zahlreiche andere Kapuziner sind dagegen Verurteilungen belegt. So ist etwa der Kapuzinerpater Gabriel Rugge, der längere Zeit in Werne residiert hat, wegen einer Übertretung der „Maigesetze" vom

---

143 SA, LRLü 1115, im Mai 1874.

Gericht in Neuwied zu drei Monaten Gefängnis verurteilt worden.[144] Pater Gabriels Straftat hat darin bestanden, dass er einem Bürgermeister die Absolution in der Beichte verweigert hat, weil dieser die „Maigesetze" polizeilich streng „exekutiert" hat.

Die Maigesetze 1875 bringen nun eine Eskalation, vor allem wegen der zahlreichen bisherigen Misserfolge. Sie bestimmen, dass alle Klöster aufgehoben werden.

Schon der Reichsdeputationshauptschluss 1803 führte dazu, dass das Werner Kapuzinerkloster wie alle Klöster aufgelöst wurde. Das betraf allerdings nur den Besitz, nicht die Existenz des Ordens. 1851 kehren die Kapuziner nach Werne zurück und sehen es „als ihre freudige Pflicht" an, in den Werner Bauerschaften und in den umliegenden Gemeinden wie vorher beim Lesen der Messe und beim Hören der Beichte seelsorgerisch auszuhelfen. In den Werner Bauerschaften erteilen sie auch den Religionsunterricht.

Da vor allem die Orden zur Stärkung des katholischen Bewusstseins mit Mission, Exerzitien und Volksseelsorge erheblich beitragen und Mönche und Nonnen beim gläubigen Volk sehr beliebt sind, geraten diese im Jahre 1875 ins Blickfeld der Kulturkämpfer. Vor allem die Kapuziner genießen wegen ihres Armutsideals eine breite Zustimmung in der Bevölkerung. Sie sind bei den Gläubigen hoch angesehen, und sie haben eine große Bedeutung für das Seelenleben der Gemeinden.

Mit einem Gesetz vom 31. Mai 1875, von den liberalen Parteien im Preußischen Abgeordnetenhaus beschlossen, werden fast alle katholischen Orden im Königreich Preußen verboten. Das Vorgehen gegen die katholischen Orden ist radikal. Einschneidender kann kaum eine Maßnahme sein. Die Auflösung bedeutet zudem einen tiefen Zugriff auf das katholische Leben insgesamt.

---

144 PAK, Sammlung Pater Kilian Müller, Münsterischer Anzeiger, 1925, Nr. 371.

„Hierdurch wird die Auflösung der Niederlassung der Kapuziner zu Werne verfügt. Der Zeitpunkt der Auflösung wird auf den 20. August festgesetzt. Von diesem Tage an haben sich die Mitglieder der Niederlassung aller berufsmäßigen Funktionen zu enthalten"[145]. So lautet ein Schreiben der preußischen Behörde vom 19. Juli 1875 an den „Vorstand des Kapuzinerklosters zu Werne".

Die Aufhebung der Klöster passt in keine der bisherigen Strategien. So wird sie auch von den Katholiken als pure Schikane empfunden. Sie ist zudem nur ideologisch begründet. Die Beliebtheit der Orden bewerten liberale Fundamentalisten als eine „Verführung" des Volkes. Außerdem macht besonders die Volksnähe die Orden im autoritären preußischen Obrigkeitsstaat verdächtig. Deswegen geht man gegen diese auch mit besonderer Härte vor.

Die liberalen Parteien und ihre Presse: „Eisenbahnfahrplan statt eines Gebetbuches"

Vor allem die katholischen Orden wie die Kapuziner werden für die liberale Öffentlichkeit zu Gegnern, weil es zu diesen grundlegende weltanschauliche Gegensätze gibt. Der Liberalismus rechter Prägung propagiert, dass im ungehinderten industriellen Wettbewerb die wirtschaftliche Freiheit einen solchen ökonomischen Reichtum brächte, dass ein Paradies auf Erden entstünde. In diesem Sinne haben sich die Linksliberalen den Namen „Fortschrittspartei" gegeben. Dieser Auffassung steht das Armutsideal der Kapuziner konträr entgegen. Deren Paradies liegt zudem im Himmel. Daher werfen liberale Fundamentalisten aggressiv und polemisch den Ordensleuten vor, diese seien „betsüchtige und passiv-faule Schmarotzer"[146]; denn sie nähmen nicht

---

145 SA, LRLü 316, 19.7.1875.
146 Blackbourn, S. 23 f.; Häger, S. 56.

an dem produktiven Wirtschaftswettbewerb teil, der angeblich zum gesellschaftlichen Paradies auf Erden führe. Sie seien daher ein Hemmschuh des Fortschritts. Damit diese paradiesisch schöne Welt entstünde, müssten z.B. „das Gebetbuch und der Rosenkranz durch

Diese österreichische Karikatur von 1870 kritisiert, dass die Reichsgründung durch das Königreich Preußen eine militärische Zwangsmaßnahme sei. Die Kritik der katholischen Presse lautet 1875 dazu, die liberalen Parteien zwängen im engen Bündnis mit Bismarck die Katholiken unter die preußische Pickelhaube.

den Eisenbahnfahrplan" ersetzt werden.[147] Die Eisenbahn ist damals das Symbol für die unaufhaltsame Fahrt in ein industrielles Paradies. Ein zweiter grundlegender Gegensatz besteht in der Haltung zur Nation. Die Liberalen auf dem rechten Flügel firmieren als „Nationalliberale". Zu der liberalen Ideologie in der damaligen Zeit gehört die Auffassung, dass der Nationalstaat die wesentliche Grundlage des industriellen Fortschritts sei, den die liberale Öffentlichkeit erwarte. Die Ordensleute dagegen denken vornehmlich universal. Ihre Missionstätigkeit in aller Welt ist ein wichtiger Ausdruck dafür. Daher wird ihnen vorgeworfen, sie seien „vaterlandslos". Zudem residierten ihre Ordensoberen in Italien oder gar in Frankreich, beim „Erzfeind" des Deutschen Reiches. Vor allem aber seien sie dem Papst in Rom, einer ausländischen Macht, hörig. Die Tätigkeit der Orden sei daher „staatsgefährdend". Aus dem Blickwinkel dieser Mischung aus nationaler und fundamentalistisch liberaler Ideologie werden die Katholiken, vor allem die Ordensleute, von den liberalen Politikern und von der liberalen Presse immer wieder als „Reichsfeinde" beschimpft.[148] Das ist ein Schmähwort, das auch Bismarck gern und oft den Katholiken anheftet.

Mit obigen Begründungen ist schon 1872 der Jesuitenorden verboten worden. Jetzt folgen fast alle übrigen Orden. Ausgenommen sind nur die Ordensgemeinschaften, die sich der Krankenpflege widmen. Die Ursache und die Begründung für diese Ausnahme werfen ein bezeichnendes Licht auf den preußischen Staat. Der Kriegsminister hat energisch protestiert und eine Änderung der Gesetzesvorlage verlangt, – denn ohne die Krankenpflege solcher Orden könne er „keinen Krieg führen"[149].

---

147 Blackbourn, S.17.
148 Falter, S. 194 f; Weber, S. 37.
149 Falter, S.191.

Außer dem Kriegsminister ist es vornehmlich der Kaiserin Augusta, Gattin Wilhelms I., zu verdanken, dass die Orden, die der Krankenpflege dienen, nicht aufgelöst worden sind. Kaiserin Augusta ergreift mehrfach offen Partei für die Katholiken. Dieser Einfluss der Kaiserin auf die Politik in Berlin hat eine besondere Beziehung zur Stadt Werne. Eine der zwei Krankenschwestern der Kaiserin ist eine katholische Nonne, die in Werne am 19. März 1842 geboren ist. Sie heißt mit bürgerlichem Namen Franziska Jüngst; ihre Schwester ist die Werner Heimatdichterin Antonie Jüngst. Franziska Jüngst tritt in die Genossenschaft der Barmherzigen Schwestern („Clemensschwestern") ein. Sie trägt nun den Namen Placida. Schwester Placida hat acht Jahre lang die Kaiserin bis zu deren Tod als Krankenschwester umsorgt. Diese hat immer wieder betont, dass sie das Wirken ihrer Pflegerin sehr geschätzt habe.[150] Die „Eigenwilligkeiten" der Kaiserin führen dazu, dass sie Bismarcks Unwillen erregt. Der beklagt den „Einfluss der Unterröcke auf die Politik".

Die Maßnahmen gegen das Kapuzinerkloster in Werne: „Mit Riegel und Siegel"

Das Landratsamt in Lüdinghausen und der Bürgermeister der Stadt Werne erhalten Dienstanweisungen, die das Vorgehen der Ortsbehörden mit preußischer Genauigkeit vorschreiben. Falls das Kloster am 21. August nicht geräumt sei, müsse der Bürgermeister als Chef der Ortspolizei „exekutorisch" vorgehen, und zwar müsse er nacheinander Raum für Raum durchsuchen, dann Riegel an die Türen dieser Räume nageln, die Eingangstüren versiegeln und die Schlüssel für die Staatsgewalt in Besitz nehmen.[151]

---

150 AdBS, Placida, Lebensbild, S. 8 f; Kirche u. Leben, 29.4.1990.
151 SA, LRLü 316, 12.8.1875.

Der Regierungspräsident erwartet bei der Auflösung Schwierigkeiten. Er warnt Landrat und Bürgermeister und schreibt vor, dass morgens so früh wie möglich vorzugehen sei und dass „gegen etwaige öffentliche Ruhestörungen ... geeignete Vorkehrungen zu treffen" seien.[152] Für diese Vorsicht gibt es eine reale Grundlage. Nicht nur in Werne haben „Straßenaufläufe" sieben Monate zuvor ein solches Ausmaß angenommen, dass von „revolutionärer Stimmung" gesprochen wird. In Essen ist es im August 1872 bei der Ausweisung der Jesuiten zu einer offenen Rebellion gekommen. Zwei Militärbataillone sind im Einsatz gewesen. Nur mit blankem Säbel haben sie die Ausweisung gegen eine aufgebrachte Menge durchsetzen können.[153]

In Werne kommt es offensichtlich am 20. August 1875 nicht zu Unruhen. So schickt der Bürgermeister einen Bericht an das

Blick von Osten über den historischen Garten auf das Klostergebäude

---

152 Ebenda, 20. 8. 1875.
153 Hiepel, S. 35.

Landratsamt, dass die Kapuziner das Kloster geräumt und die Schlüssel übergeben hätten. Alles sei ohne Störung abgelaufen.[154] In Berichten an die Behörden redet der Bürgermeister die Situationen zu kulturkämpferischen Aktionen stets schön. Damit will er vermutlich Schwierigkeiten mit den übergeordneten Behörden aus dem Weg gehen. Zudem steht er als Katholik sicherlich auf der Seite seiner katholischen Bürger. Er scheint offensichtlich auch den Kapuzinern wohlgesonnen. Eine solche Sympathie des Magistrats für die Kapuziner in Werne besteht von Anfang an. So heißt es in einer Gründungsgeschichte, dass ohne das sehr große Interesse der Stadt und des Amtes Werne die Klostergründung nicht zustande gekommen wäre.[155]

Auch wenn der Bürgermeister von „ruhigem Ablauf" spricht, klaglos hat die Werner Bevölkerung die Vertreibung der Kapuziner 1875 nicht hingenommen. In der Chronik des Kapuzinerklosters ist zum Verhalten des Werner Volkes bei der Auflösung des Klosters vermerkt: „Es war auch die Teilnahme und der Schmerz über ihre [der Kapuziner] Entfernung allgemein, wie sich besonders (!) bei der am Montag vom hiesigen Gesangverein dargebrachten Serenade und unter reger Beteiligung an dem letzten von den Patres gehaltenen Gottesdienste zeigte."[156]

Der Guardian des Klosters, Pater Chrysostomus, protestiert in einem Schreiben, drei Seiten lang, am 20. August 1875 beim Bürgermeister der Stadt gegen das Vorgehen der Regierung.[157] Der Kern seiner Argumentation klingt bewegend: Die harte Maßnahme des Staates sei durch kein Vergehen der Kapuziner verschuldet worden. Nie habe man Anlass zur Klage gegeben, stets die bürgerlichen Pflichten erfüllt. Das Vorgehen des Staates stehe im grellsten Widerspruch zur

---

154 SA, LRLü 316, 21.8.1875.
155 PAK, Müller, Gründungs- und Baugeschichte des Kapuzinerklosters, S. 60.
156 PAK, Chronik Kloster Werne, 20. 8. 1875.
157 SA, LRLü 316, 20.8.1875.

Das Portal der Klosterkirche

Gerechtigkeit und zur Freiheit. Der Bischof habe den Kapuzinern das Recht gegeben, das Wort Gottes zu verkünden; der Staat könne ihnen diese Vollmacht nicht nehmen. Das Verbot des Staates zerstöre ihre geistigen und materiellen Existenzgrundlagen. Es widerspreche jedem Begriff von Humanität, dass es ihnen unmöglich gemacht werde, ihr Brot zu verdienen und Wohltätigkeit zu üben. Und jetzt könnten sie auch nicht mehr ihren Wohltätern aus der ganzen Umgegend den gebührenden Dank abstatten.

In Werne kommt es zu keiner größeren Protestaktion der Einwohner. Dies liegt sicherlich auch daran, dass die Kapuziner die Werner Bürgerinnen und Bürger beschwichtigt haben, wie das auch andernorts geschehen ist.[158] Pater Chrysostomus betont in seinem Protestschreiben: „Wir haben uns schweigend und in Geduld gefügt". Dies entspricht dem Ordensideal der Kapuziner, das mitmenschliche Liebe hoch bewertet und Gewalt ablehnt.

Scheitern einer Behördenkontrolle im Kloster

Zum Verhalten der Werner vor den Toren der Kirche und des Klosters beim Weggang der Kapuziner, hat sich keine weitere Überlieferung finden lassen. Doch man kann vermuten, dass die Erregung ähnlich groß gewesen ist, wie in Münster, Paderborn oder Warendorf.

Unter Tränen verabschiedet „eine nach Tausenden zählende Menge die Franziskaner" in Warendorf. Als Zeichen ihrer Liebe und Dankbarkeit „(überbietet) sich das katholische Volk", wobei es zahlreiche Gaben überreicht.[159]

In Paderborn muss die Polizei mit gezogenem Säbel noch nachts um 24 Uhr gegen „Ausschreitungen" vorgehen, um die Räumung des

---

158 Kullmann, S. 50 f.
159 Kullmann, S. 52 und 51; Falter, S. 194.

Franziskaner-Klosters durchführen zu können. Es gibt Verletzte, Sachbeschädigungen, Verhaftungen. Tore und Türen der Franziskanerkirche und des Klosters sind ausgehoben und in Brunnen und Teichen versenkt worden. So hat man die Schließung des Klosters verhindern wollen.

Beim Auszug tragen einige Franziskaner als Zeichen ihrer patriotischen Gesinnung demonstrativ das Eiserne Kreuz erster oder zweiter Klasse, preußische Orden also, die ihnen wegen besonderer Tapferkeit im Krieg 1870/1871 verliehen worden sind.[160]

Während es zum Verhalten der Werner Bürger am Tag der Kloster-Auflösung keinen genauen Beleg gibt, ist ein Tag genau dokumentiert, an dem in Werne und im Kloster eine behördliche Kontrolluntersuchung stattgefunden hat. Aufgrund von Verdächtigungen und Anzeigen hält der Oberregierungspräsident der Provinz Westfalen, Friedrich von Kühlwetter, eine solche Überprüfung für notwendig. Er

Johann Bernhard Brinkmann, Bischof von Münster von 1870 - 1889, und Friedrich von Kühlwetter, Oberregierungspräsident von 1871 - 1882, Konkurrenten im Machtspiel auf der Ebene der Provinz Westfalen (Historische Aufnahmen)

---

160 Falter, S. 194.

ist seit 1871 Oberpräsident und gleichzeitig Regierungspräsident des Regierungsbezirks Münster. Zwar ist er katholisch, lehnt jedoch die kirchliche Hierarchie und die Macht des Papstes völlig ab. Er ist also ein Gegner des „Ultramontanismus". Er versteht sich als treuer Diener der preußischen Monarchie. So wird er zu einem der genauesten und schärfsten „Kulturkämpfer"[161].

Eine Fahndung verspricht auch erfolgreich zu sein. Diese Maßnahme ist der preußischen Regierungsbehörde in Münster so wichtig, dass der oberste Beamte in der Abteilung für Inneres, Oberregierungsrat von Tzschoppe, in Werne persönlich erscheint. Von Tzschoppe ist ein sehr energischer „Kulturkämpfer". Er muss die Gesetze und die Anweisungen aus Berlin und die Dekrete des Oberpräsidenten umsetzen und deren Ausführung überwachen. Tzschoppe ist ein gewissenhafter Beamter, der kompromisslos ausführt, was ihm aufgetragen ist. Mit Polizisten dringt er bei einer Kontrolluntersuchung bis in die Schlafkammer einer Lehrerin vor, um ihre Staatstreue zu überprüfen.[162] Das macht ihn unter anderem in Münster zur Lachnummer. Verse und Lieder voller Spott und Hohn über ihn hört man oft in Münsters Gassen.

„Mamsellen, niemt ju in acht, de Sloapkammer-Inspektor gaiht um, de hauge Man. De kick sich jue Kammern an."

Die Darstellung zu der Kontrollvisite des Oberregierungsrates in Werne wirkt so authentisch und gibt Einzelheiten der Kulturkampfsituation vor Ort so anschaulich wieder, dass hier wesentliche Teile in der gesamten Länge zitiert werden sollen. Der Kapuziner-Pater Kilian Müller, Verfasser einer Geschichte der rheinisch-westfälischen Kapuziner-Provinz, hat diesen Text für den „Münsterischen Anzeiger" zur 50-jährigen Wiederkehr der Kloster-Auflösung verfasst. Pater Kilian Müller hat von 1895 bis zum Jahre 1904 im Werner Kapuziner-

---

161 Siehe Gründer, S. 133.
162 Ficker, S. 190.

Kloster gelebt. Er hat sicherlich für seine Forschungen einige Zeitzeugen der Ereignisse im Jahre 1875 befragt. Vermutlich hat er auch noch Pater Chrysostomus gesprochen.

„Kurzum, eines Tages ging durch die liberalen Blätter die Schauermär, in Werne hausten noch etliche Kapuziner im Kloster, was um so tragischer genommen wurde, weil diese flagrante Verletzung der Staatsgesetze sich unter den Augen des katholischen Bürgermeisters Thiers vollzog. Da musste ein Exempel statuiert werden! ... Am Herz-Jesu-Feste ging Pater Chrysostomus auf ,Reisen' und ganz Werne wusste davon, nur nicht der protestantische Oberregierungsrat Tzsch[...] aus Münster, der sich in aller Stille an seine sichere Beute heranpirschte. In Werne besuchte er erst incognito einige Wirtshäuser, um in vertraulichem Gespräch hinter die Schliche der Kapuziner zu kommen. Aber alle behaupteten fest und steif, es würde nie in der Klosterkirche geläutet, es sei gar kein Pater in Werne.

Als mittlerweile auch der protestantische Landrat, Graf von Wedel, eingetroffen war, zogen die beiden vors Kloster. Halb Werne zog hinterher. Sie fanden die Pforte verschlossen und trotz wiederholten Schellens wurde sie nicht geöffnet. Um nun den Spaß nicht zu verderben, fand sich sogar ein Schlosser, der auf Geheiß des Allgewaltigen aus Münster die Pforte aufsprengte. Zwar warnte der Landrat, ein Freund der Kapuziner, vor dieser Radikalkur, aber die Lorbeeren winkten zu verlockend. Kaum waren die Herren im Kloster, als auch schon Bruder Humilis, der im Nachbarhause auf diesen Augenblick gewartet hatte, nachstürmte und dem Oberregierungsrat gerade keine Schmeichelworte an den Kopf warf. ,Bedenken Sie, wer ich bin', brüllte ihn dieser an. ,Und ich bin der Verwalter des Grafen von Merveldt, der das Kloster bereits seit 1869 von der Stadt Werne, der Eigentümerin, gepachtet hat', erwiderte schelmisch der Bruder. Statt die erhofften Lorbeeren zu ernten, hatte der Herr einen ganz

gemeinen Hausfriedensbruch begangen und wurde draußen von der
harrenden Menge mit großer Schadenfreude empfangen."[163]

Analyse der Kloster-Kontrolle

Diese Darstellung Pater Kilians über einen Tag des Kulturkampfes
vor Ort veranschaulicht einige wichtige Merkmale des Konflikts. Am
Anfang stehen die Vorwürfe und Anklagen der liberalen Presse, die
von der katholischen Gegenseite als Hetze empfunden werden. Die
Liberalen fordern ein hartes Durchgreifen. Dagegen wird die Duldsamkeit des katholischen Bürgermeisters Bernard Thiers in dem Vorwurf dieser liberalen Presse erkennbar.

Zu den Mitteln des passiven Widerstandes gehört es, dass die behördliche Fahndung im Voraus verraten wird, so dass sich der polizeilich
Gesuchte rechtzeitig dem Zugriff entziehen kann. Die ganze Stadt bewahrt bei den Nachforschungen des hohen Beamten Stillschweigen.
Nie werde im Kloster verbotswidrig geläutet. Es gibt in den Wirts-
häusern Wernes nicht einen „Verräter", und offensichtlich weiß die
ganze Stadt von dem Ränkespiel gegen den Oberregierungsrat von
Tzschoppe.

Dass Tzschoppe in die Falle tappt, ist zudem deswegen überraschend,
weil es überall üblich ist, dass das vom Einzug bedrohte kirchliche
oder klösterliche Vermögen pachtweise oder in Scheinverkäufen in
andere Hände übergeht – vor allem in die Adeliger oder reicher Kaufleute. So will man es dem Zugriff des Staates entziehen. „Tische und
Stühle hatten sich selbständig gemacht und waren durch das Fenster
gestiegen"[164]. Die preußischen Behörden haben deswegen mehrfach
Priester angeklagt, „staatliches" Eigentum veruntreut zu haben.

---

163 PAK, Kilian, Münsterischer Anzeiger, 1925, Nr. 371.
164 Kullmann, S. 51.

Von Tzschoppe kennt oder beachtet die besondere Situation in Werne nicht. Denn der Staat hat bei den Kapuzinern nichts „in Verwahrung" nehmen können, „da sie nichts ihr Eigentum nennen". Selbst die Häuser, die sie bewohnen, gehören nicht ihnen. Die Stadt Werne hat das Kloster von der preußischen Regierung 1835 geschenkt bekommen. 1869 werden Kloster und Kirche vertraglich von der Stadt Werne für 30 Jahre an den Grafen von Merveldt zu Westerwinkel verpachtet. Dieser verpflichtet sich unter genau festgelegten Bedingungen dazu, das Kloster den Kapuzinern zur Verfügung zu stellen.[165]

Der Oberregierungsrat ist nicht ausreichend informiert. Vermutlich ist er aus Verärgerung über das „renitente Verhalten" des Werner Volkes forsch und blind in die kleine Falle gestolpert. Auch die Warnungen des Landrates können ihn nicht aufhalten. Er lässt die Klosterpforte aufbrechen. Gemäß dem weitgehend intakten Rechtssystem des preußischen Königreiches, in dem Besitzrechte sehr wichtig sind, hat er damit eine Straftat begangen. Jetzt muss er sich den Hohn der Werner Bürgerinnen und Bürger gefallen lassen.

Es gibt zahlreiche Beispiele dafür, dass die Katholiken in der Zeit des Kulturkampfes Vertreter der preußischen Behörden an der Nase herumgeführt haben. Die Bürger Seppenrades ärgern ihren Amtmann sehr direkt: Sie schrauben ein Rad eines Wagens ab und verstecken es. Mit dem Wagen will Brüning Messkorn abholen lassen, das nach langer Tradition dem Pfarrer für besondere seelsorgerische Dienste zusteht. Jetzt beansprucht der Amtmann dieses Korn, da die Pfarrstelle nicht besetzt sei.[166]

Ein weiteres Beispiel ist in aller Munde: In einer westfälischen katholischen Stadt „informieren" Einwohner die preußischen Polizisten, dass am südlichen Stadttor behördlich verbotene Böllerschüsse zur

---

165 StAWe, C II 503.
166 StAMS, Merkur, 21.1.1875.

Feier des Papst-Jubiläums vorbereitet würden. Während alle informierten Polizisten – erfreut über die vermeintlichen Denunzianten – zum Südtor geeilt sind, knallen die Böller – zur hämischen Freude der Bürger – am nördlichen Tor.[167]

Besondere Freude bereitet es, die zahlreichen Widersprüche in den Anweisungen der Behörden plakativ hervorzuheben. So wird zum Beispiel das Böllern beim Besuch des Bischofs oder beim päpstlichen Jubiläum hart bestraft, aber andererseits das Schießen am Sedanstag, einem nationalen Feiertag, oder am Kaisergeburtstag befohlen. Beim Firmbesuch des Bischofs wird unter Strafandrohung verboten, den Unterricht ausfallen zu lassen. Bei der jährlichen Viehzählung dagegen muss die Schule geschlossen bleiben.[168] Widersprüchlich ist auch, dass ein Geistlicher verurteilt wird, weil er nicht zu einem Prozesstermin erschienen ist. Seine Begründung klingt jedoch recht plausibel: er sei ja durch Gerichtsbeschluss des Landes verwiesen.

Die Beamten des preußischen Königreichs führen in völliger Staatstreue unnachgiebig Anweisungen und Gesetze aus. Die seelische Not der Bevölkerung beeindruckt sie nicht. Sie sind infiziert von der nationalen Ideologie. Der nationale Staat, so lautet die national-liberale These, könne allein den Fortschritt bewirken. Sie fühlen sich als Neuerer, als Leistungsträger des Fortschritts.[169] Daraus nährt sich ein überlegenes Selbstbewusstsein. Darauf stützt sich eine gewisse Arroganz, mit der sie auf das „unaufgeklärte", „abhängige" Volk herabsehen, das mit seinem Starrsinn den Fortschritt behindere. Ihre Selbstgewissheit und Arroganz macht sie für vieles blind. Das Volk freut sich nun diebisch, eine solche selbstgerechte Hochnäsigkeit in kleinen Dingen herabgesetzt zu haben.

---

167 Siehe Schürmann, S.134.
168 Schürmann, S. 101 f/ 134 f.
169 Siehe Nipperdey, S. 378.

Kritik der Regierung in Münster an Bürgermeister und Rat der Stadt Werne

Die Kontrolluntersuchung in Werne ist zwar gescheitert, sie hat aber den Informationsstand der Regierungsbehörde erweitert. Entgegen bisherigen Anordnungen kommt nun in Werne die Weisung an, dass Versiegelung und Verriegelung nicht erforderlich seien, da das Kloster im Besitz der Stadt sei.[170] Nach dem peinlich verlaufenden Kontrollbesuch des Oberregierungsrates von Tzschoppe in Werne fordert die Behörde aus Münster allerdings jetzt in kritischem Ton eine Stellungnahme dazu, „wie sich denn die Verpachtung an den Grafen von Merveldt rechtfertigen lasse"[171]. In einer umfangreichen Antwort argumentiert der Bürgermeister, dass die Verpachtung notwendig gewesen sei, da die Stadt das Kloster nicht hätte unterhalten können. Der preußische König hatte 1835 der Stadt Werne das Kloster mit der Auflage geschenkt, dieses für Schulzwecke zu verwenden. Thiers lässt nun unerwähnt, dass 1869 der Pachtvertrag mit dem Grafen von Merveldt nur zustande gekommen ist, weil die Kapuziner mit erheblicher finanzieller Unterstützung des Grafen ein großes Schulgebäude für die Stadt errichtet haben. Nur so kann die Schule aus dem Kloster verlegt werden, so dass die Kapuziner ihr Kloster wieder ungestört nutzen können.[172] Die Stadt Werne hatte es allerdings 1869 versäumt, pflichtgemäß den Pachtvertrag mit dem Grafen von Merveldt von den übergeordneten Behörden bestätigen zu lassen. Nach einer Rüge und einem umfangreichen Briefwechsel wird dann dieser Pachtvertrag von der Behörde in Münster nachträglich genehmigt.

---

170 SA, LRLü 316, 15.8 und 16.8. 1875.
171 SA, LRLü 316, 10.11.1875, 26.12.1875.
172 StAWe, C II 503, Vertrag 1869; C VIII 8 Bericht.

Nach der Klosterauflösung: Unnachgiebigkeit der Provinzregierung im Gegenzug

Die Auflösung des Kapuzinerkloster in Werne am 20. August 1875 geschieht bereits knapp 2 ½ Monate, nachdem das Gesetz durch die Unterschrift des Königs in Kraft getreten ist. Dabei ist in diesem eine Frist von sechs Monaten festgeschrieben. Den Kapuzinern wird nur eine kurze Zeit von einem Monat zur Räumung gelassen.

Bei der ersten Auflösung der Klöster im 19. Jahrhundert im Zuge der Säkularisation 1803 hat es keinen zeitlichen Druck gegeben. In Werne ist das Kapuzinerkloster damals erst am 11. Dezember 1834 aufgehoben worden, mehr als dreißig Jahre nach dem Säkularisationsbeschluss. Fünf Patres dürfen damals zunächst im Gebäude wohnen bleiben. Schon 1851 sind die Kapuziner dann nach Werne zurückgekehrt. Die Säkularisation 1803 bedeutet juristisch vornehmlich nur eine Aufhebung der Eigentumsrechte. Wegen der „Armut" der Kapuziner hat der preußische Staat damals mit der Auflösung in Werne keine Eile gehabt. 1875 sind die Motive der „Kulturkämpfer" für die Aufhebung politisch und ideologisch.

In der Chronik des Kapuzinerklosters sind die Folgen der Auflösung 1875 für die Stadt Werne nur sehr knapp dargestellt. Festgehalten wird, dass „für die sehr große Gemeinde Werne … der Verlust der Klostergeistlichen um so schmerzlicher ist, da augenblicklich hier nur zwei Weltgeistliche wirken und die Patres bisher an der Seelsorge sich in der tätigsten Weise beteiligten"[173].

Beim Werner Magistrat treffen in der Folge weitere Anweisungen der Regierungsbehörde aus Münster ein, die wiederholt vorschreiben, dass in der Klosterkirche kein öffentlicher Gottesdienst abgehalten

---

173 PAK, Chronik Werne, 20.8.1875.

werden dürfe und dass die Glocken nicht geläutet werden dürften.[174] Also ist wohl nach der Auflösung des Klosters gegen die gesetzlichen Gebote verstoßen worden.

Um solche Gesetzesübertretungen gibt es in der Stadt Münster heftige politische und juristische Auseinandersetzungen. Die Polizei hatte die Türen der Klöster verschlossen, das Läuten der Kirchenglocken verboten und die im „Dienst der Pächter" stehenden ehemaligen Patres und Brüder ausgewiesen. Die „Pächter", angesehene Adelige und reiche Kaufleute, legen dagegen Beschwerden bei der Staatsanwaltschaft und bei Ministerien in Berlin ein; denn diese polizeilichen Maßnahmen seien erhebliche Eingriffe in ihre Eigentumsrechte.

Die oberste preußische Behörde in Münster schreibt dem Bürgermeister in Werne vor, dass die Verbote für Münster in gleicher Weise auch in Werne angewendet werden müssten.[175] Ein Offenhalten der Kirche sei untersagt, das Läuten verboten und kein ehemaliger Mönch dürfe im Kloster wohnen. Falls die Stadt den „Missbrauch" fördere, müsse Anzeige erstattet werden.

Zwischen der Stadt Werne, dem Grafen von Wedel und dem Oberpräsidium in Münster kommt es zudem zu einem Schriftwechsel darüber, ob und wie der Kapuzinerpater Chrysostomus die Messe lesen darf. Chrysostomus Branze, der weiterhin in Werne wohnt, ist 1865 zum Priester geweiht und hat 1868 vom Bischof die Berufungsurkunde für die Seelsorge in der Umgebung Wernes erhalten.[176] Somit fällt er als Priester nicht unter die Anzeigeverpflichtung der „Maigesetze", die erst ab 1873 gelten. Sogar der protestantische Graf Wedel, Landrat in Lüdinghausen, setzt sich bei der Behörde in Münster für den „ehemaligen" Kapuzinerpater ein. Er argumentiert, dass in der Klosterkirche stets öffentlicher Gottesdienst abgehalten worden sei

---

174 SA, LRLü 316, 27.8.1875, 23.9.1875.
175 Ebenda.
176 SA, LRLü 316, 27.10.1875.

und dass die Patres stets allgemein anerkannte Seelsorger gewesen seien.[177] Für die Befriedigung der religiösen Bedürfnisse der sehr großen Gemeinde Werne mit 5000 Seelen sei es nötig, dass Pater Chrysostomus Messe lesen dürfe.

Die Behörde in Münster beharrt allerdings auf ihrem Verbot. Sie bewertet den Sachverhalt juristisch gegenteilig. Den ehemaligen Ordensmitgliedern sei jede „berufsmäßige Funktion" verboten; denn mit der Klosterauflösung sei die bischöfliche Berufung der Patres „irrelevant". Mit dem Klostergesetz seien alle ihre Funktionen fortgefallen.[178] Die Stadt dürfe zudem keine öffentlichen Gottesdienste halten lassen. Das Kloster sei jetzt ein Privatgebäude. Dort dürfe demnach sowieso kein öffentlicher Gottesdienst abgehalten werden.

Nachdem die Beschwerdeführer aus Münster, angesehene westfälische Adelige, sich teilweise mit ihren Forderungen beim Ministerium in Berlin durchgesetzt haben[179], gelten einige Erleichterungen ab 1876 auch für das Werner Kapuzinerkloster. Demnach darf der „Priester Branze" nicht öffentlich, „nur unter Ausschluss der Gemeinde", bei verschlossener Tür im „ehemaligen Kloster" die stille Heilige Messe lesen.[180] Dem Bruder Humilis ist es erlaubt, als „Wächter" des Grafen Merveldt weiterhin im „ehemaligen" Kloster in „bürgerlicher Kleidung" wohnen zu bleiben.

Die Zugeständnisse des Ministeriums in Berlin werden allerdings eingeschränkt. Den Ortsbehörden wird vorgeschrieben, dass eine „fortgesetzte polizeiliche Beobachtung und Kontrolle der ehemaligen Klöster" durchgeführt werden müsse, und zwar wie, welche und von wem geistliche Amtshandlungen vorgenommen würden.[181] Und auch das Publikum müsse „sorgfältig" kontrolliert werden.

---

177 Ebenda.
178 SA, LRLü, 316, 8.11.1875.
179 SA, Oberpräsident (OP), 2030,1.
180 SA, LRLü 316, 2.3.1876.
181 SA, OP 2030,1, 12.8.1876.

Die katholischen Priester: „Wir beugen den Nacken nicht!" [182]

In den Anordnungen, Verfügungen oder Erlassen, die von den übergeordneten Behörden in Werne eintreffen, ist immer wieder die Rede
von „genauester Befolgung", „unnachsichtig", „mit der vollen
Strenge der Gesetze". Und die Ausdrücke werden rigoroser, je konse-
quenter der passive Widerstand jeden Erfolg der bisherigen Maßnahmen verhindert. Es werden „verschärfte Dienstanweisungen" versen-
det oder „unausgesetzte sorgfältige Überwachung" gefordert. Je ent-
schlossener der Widerstand ist, um so hartnäckiger wird auf der Gegenseite der Kampf geführt.

Die zahlreichen Anweisungen der Behörden an die Bürgermeister und
Amtmänner, zu beobachten und zu kontrollieren, lassen erkennen,
dass immer wieder gegen die Verbote verstoßen worden ist. Gleichzeitig wird jedoch auch offensichtlich, wie schwer es den Amtsleuten
und der Polizei vor Ort gefallen ist, der „Übeltäter" habhaft zu werden.

So schreibt Vikar Spithöver zum Beispiel in einer Mitteilung an den
Landrat, dass er seinen Wohnsitz bei Schulze Heil in Pelkum nehme.
Dort werde ihm die Post zugestellt. So könnten ihn die amtlichen Mitteilungen erreichen. Ansonsten werde er ein „Vagabundenleben führen". Das ist eine merkwürdige Formulierung in einem offiziellen
Schreiben an die Behörde, die ihn mit möglicher Strafe in einem Pro-
zessverfahren verfolgt. Merkwürdig ist der sehr negativ besetzte Begriff auch für einen hoch angesehenen Priester, der für die Bürger in
Werne eine unumstrittene Autorität verkörpert, mit der sich jeder
gläubige Katholik identifiziert. Mit dem Ausdruck „Vagabundenleben" macht Spithöver der Behörde in Lüdinghausen klar, dass er nicht

---

182 Sommer, S. 27.

aufzufinden sei. Er taucht sozusagen unter; so will er sich dem polizeilichen Zugriff entziehen.

Wie mühsam es den preußischen Polizisten fällt, solcher „Vagabunden" habhaft zu werden, zeigen einige Schreiben des Amtmannes Brüning aus Seppenrade. Von einer Vernehmung der Bevölkerung in Seppenrade verspreche er sich keinen Erfolg.[183] Ein Versuch, den Vikar Fortkamp zu verhaften, scheitert, obwohl sich dieser „die ganze Zeit beim Wirt Pieper aufgehalten und sich in der Gemeinde bewegt hat"[184]. Trotz der Vertraulichkeit sei die Absicht, Fortkamp zu verhaften, bekannt geworden und „der Schuster B., der am Kirchhof wohnt", habe den Auftrag ausgeführt, bei dem Versuch, „Fortkamp zu verhaften, mit den Glocken zu läuten …, (um zu warnen und) um die Leute zusammen zu rufen"[185].

Gegen den Vikar Fortkamp ist die Ausweisung verfügt und auch vollstreckt worden. Obwohl er sich deswegen gar nicht mehr in Seppenrade hätte aufhalten dürfen, wird er mehrfach zu einer Geldstrafe verurteilt, weil er dort „ungesetzlich" das Hochamt zelebriert hat.[186]

Brüning ist verärgert darüber, dass er angesichts des einhelligen passiven Widerstandes der Bevölkerung hilflos ist. In einem Brief an die Regierung beklagt er sich, wie offen und ungeniert die Bewohner seines Amtsbezirks agieren könnten. Er fühlt sich durch das Verhalten der Geistlichen und der Katholiken Seppenrades provoziert. In einer verbotenen Primizfeier sieht er eine „Demonstration", mit der die Behörde absichtlich verhöhnt werden solle. Obwohl bekannt gewesen sei, dass er sich in Seppenrade aufhalte, sei „der Gefeierte von mehreren Geistlichen an meinem Fenster vorübergeführt" worden. Man probiere aus, was der Behörde gegenüber gewagt werden könne.

---

183 SA, LRLü 1115, 16.8.1877.
184 SA, LRLü 1115, 26.8.1876.
185 Ebenda.
186 Sonntags-Blatt 1876, Jahrg. 35, S. 26.

Reaktion der Priester, der Patres und des katholischen Volkes auf erneute Zugzwänge

Die zahlreichen Verbote sind zudem von den Priestern oft trickreich umgangen worden, so auch vom Pater Chrysostomus in Werne. So heißt es in der Chronik des Kapuzinerklosters: Pater Chrysostomus Branze liest „bei verschlossenen Türen die Heilige Messe, später auch öffentlich. Dazu finden an Sonntagen im Kloster öffentlich Laiengottesdienste statt"[187].

Solche Laiengottesdienste sind eine „heimliche" Notlösung in der Kulturkampfzeit. Diese Gottesdienste werden so gestaltet, dass im Kirchenraum nur die Gläubigen singen und beten. In einem daneben oder dahinter liegenden Raum – zumeist in der Sakristei – zelebriert ein Priester zeitgleich die Heilige Messe. Um einer unliebsamen Entdeckung zu entgehen, werden, auch beim heimlichen Hören der Beichte, Posten aufgestellt.[188] Somit kann der Werner Bürgermeister Thiers, vermutlich sogar guten Gewissens, seiner übergeordneten Behörde melden, bezüglich des ehemaligen Klosters und des „früheren" Paters Branze sei „ihm (!) nichts Gesetzwidriges bekannt"[189].

Pater Chrysostomus Branze hat vom Generalvikar der Diözese Münster, Giese, am 17. September 1875 erneut die kirchliche Vollmacht erhalten, für die Gemeinde in Werne die Heilige Messe zu lesen und sonstige Aufgaben in der Seelsorge zu übernehmen.[190] Das ist nach den preußischen Gesetzen eine illegale Ermächtigung. Generalvikar Giese hat während der Gefängnishaft des Bischofs und nach dessen Flucht ins holländische Exil die Diözesan-Verwaltung übernommen. Da diese Tätigkeit zumeist insgesamt und vielfach im Einzelnen, wie

---

187 PAK, Chronik Werne, 20.8.1875.
188 Kullmann, S. 56 u. S. 73.
189 SA, LRLü 316, 2.3.1876.
190 PAK, Kilian, Münsterischer Anzeiger, 1925, Jg. 371; Ficker, S. 169.

auch im Fall Branze, gesetzwidrig ist, werden Prozesse gegen ihn geführt.[191] Er muss lange Zeit untertauchen. Nach ihm wird steckbrieflich gefahndet.

Der reich gestaltete Barockaltar in der Kapuzinerkirche

---

191 SA, OP 2030,2, u.a.25.1.1878/12.2.1878.

Neben Bruder Humilis Wiegand, der in weltlicher Kleidung im Kloster wohnt, verbleibt auch Pater Chrysostomus Branze weiterhin in Werne. Er wird von der „Frau Witwe Kreft bereitwillig ... in ihrem Haus neben dem Kloster aufgenommen." Frau Kreft wird als „eine große Wohltäterin der Kapuziner" bezeichnet. Anna Maria Kreft ist die Wernerin, die mit einer umfangreichen Stiftung den größten Teil ihres Besitzes testamentarisch der Kirchengemeinde für die Errichtung eines Krankenhauses übertragen hat.

Später kommt noch der Kapuzinerpater Norbert nach Werne zurück. Dieser geht nach Stockum, um für die Gemeinde St. Sophia den Gottesdienst zu versehen. Die übrigen Kapuziner aus Werne werden in alle Winde zerstreut. 41 Kapuziner der rheinisch-westfälischen Provinz, darunter einige aus Werne, finden in den USA Asyl. Sie gründen dort die neue Kapuziner-Provinz Pennsylvania. [192] Pater Gabriel Rugge flieht, „wegen seiner staatsgefährlichen Tätigkeit" verfolgt, 1875 ins Exil nach England.

Während das Kapuzinerkloster unter erregter Anteilnahme und Erbitterung der Bevölkerung aufgelöst wird, können die Krankenpflegerinnen der „Barmherzigen Schwestern" im Werner Krankenhaus verbleiben. Orden, die Pflegedienste verrichten, sind vom Verbot ausgenommen. Das ist neben der Forderung des Kriegsminister vor allem auch dem Einfluss der Kaiserin zu verdanken. Daran hat vermutlich auch die Nonne Placida aus Werne, Pflegerin der Monarchin, einen Anteil.

Wie das Werner Kapuzinerkloster werden 1875 alle Klöster im Königreich Preußen aufgelöst, sofern sie nicht der Krankenpflege dienen. Das sind fast 300 Ordensniederlassungen mit etwa 4000 männlichen und weiblichen Mitgliedern. Diese emigrieren nach Brasilien, Belgien, in die Niederlande und in die USA. In Belgien und den

---

192 PAK, Katalog 1872 u. 1888.

Niederlanden entstehen in der Kulturkampfzeit 18 neue deutsche Klosterniederlassungen, darunter fünf Neubauten.

Die Emigration ist den Nonnen und Mönchen nicht leichtgefallen. Jetzt sind die Ordensleute „vaterlandslos" geworden – zwangsweise. Auszüge eines Gedichts sollen hier zitiert werden, weil sie die Stimmung und die Empfindungen bei der Ausweisung aus dem Kloster anschaulich wiedergeben. Dieses Gedicht, das vielfach in katholischen Zeitungen und Büchern zitiert ist, hat die Nonne Seraphine verfasst. Sie gehört der „Genossenschaft der Barmherzigen Schwestern" in Münster an.

„Ich soll nach des Gesetzes Worten
Gar aus dem deutschen Reich hinaus?
Nicht möglich! Standen meine Ahnen
Doch immer treu für Recht und Pflicht,
Und dienten unter deutschen Fahnen
Und brachen ihre Treue nicht!
Was denn verfolgt man meine Spur?
Bin ja ein armes Nönnchen nur.

O, fragt die Kranken, die wir pflegten,
Fragt eure Töchter groß und klein,
die wir noch lehren und erzieh'n;
Fragt jedes unbefang'ne Kind, -
Fragt, ob wir staatsgefährlich sind!
Ganz ungefährlicher Natur
Sind wir ja arme Nönnchen nur!

So lebt wohl, all meine Lieben!
Leb wohl, ergrautes Mütterlein!

Werd' ich auch jetzt von euch vertrieben,
Im Himmel werd' ich bei euch sein.

Und ziehen aus dem deutschen Lande
Neuntausend Nönnchen still bereit,
Dann hat von einer schlimmen Bande
Fürst Bismarck doch das Land befreit! –
Wo sich nun wohl auf weiter Erde ...
Ein Plätzchen ihnen bieten werde?
O, bangt nicht, Gottes Vaterland
Reicht weiter als das deutsche Land!"[193]

„Versumpfung" – Kulturkampf als Hängepartie

Mit der Auflösung der Ordensgemeinschaften 1875 sind die strategischen Mittel der Kulturkämpfer in Berlin zwar weitgehend erschöpft, ihr „Waffenarsenal" sei verbraucht, doch die preußischen Behörden verharren in ihrer Unnachgiebigkeit, obwohl ihre Maßnahmen weitgehend Schläge ins Wasser sind. In den Quellen finden sich fast nur noch Aufträge zur Kontrolle und Beobachtung des Volkes, der Parteien und der Priester. Es tritt ein, was mit einem zeitgenössischen Begriff als „Versumpfung des Kulturkampfes" bezeichnet wird. Gemeint ist ein Stillstand. Der gewaltlose Widerstand auf der einen Seite und die „unnachsichtige Strenge" auf der anderen Seite stehen scheinbar unüberbrückbar einander gegenüber. Auf dem Höhepunkt des Kulturkampfes belauern und beargwöhnen sich die Gegner. Die Katholiken suchen Ausflüchte und Schlupflöcher, spielen Verstecken. Der Klerus leistet passiven Widerstand. Die preußischen Behörden

---

193 Sommer, S. 57ff.

üben sich in kleinlicher Schikane und ständiger Kontrolle – oft ohne Erfolg.

Eine große Gefahr sehen die preußischen Behörden in den katholischen Vereinen, die wie Pilze aus dem Boden schießen.[194]

Die staatsfeindlichen Tendenzen der katholischen Vereine seien offensichtlich, so heißt es in einer „Circular-Verfügung". Der Polizei wird exakt aufgetragen, was alles zu kontrollieren ist: so etwa Mitgliederzahl, Beiträge, vor allem Statuten und Reden. Für jede Versammlung muss eine Genehmigung der Polizeibehörde eingeholt werden[195].

Ein weiterer Schritt der Behörden besteht in der Verfügung, dass ein preußisches Amt mit der Mitgliedschaft im Westfälischem Katholischen Bauernverein unvereinbar sei. Der Regierungspräsident ordnet an, dass die Gemeindevorsteher zweier Werner Landgemeinden, Ferdinand Schulze Froning und Ignatz Klosterkamp, entweder „binnen 14 Tagen" aus dem Bauernverein austreten oder ihr Amt niederlegen müssten. Beide treten vom Amt zurück; dies ist im doppelten Sinne ein Bauernopfer. Zwei Bauern opfern ihr preußisches Amt. Das Königreich findet danach keine geeigneten Amtsträger mehr.

In der Phase der Versumpfung steigern sich Maßnahmen und Gegenwehr. Als ein prägnantes Beispiel für das Machtspiel Zug um Zug eignet sich vor allem der „Westfälische Bauernverein". Er ist eine Interessenvertretung der Landwirte, doch in den Statuten steht auch, dass er sich für das Wohl der katholischen Kirche einsetzen werde.

Eine Vereinsversammlung wird aufgelöst. Wenige Stunden später findet eine neue Versammlung statt. Wird auch diese aufgelöst, folgt die nächste in drei Tagen. Die Behörden verbieten eine Kritik gesellschaftlicher Zustände. Der Verein vermeidet mit ängstlicher Sorgfalt

---

194 Hiepel, Kulturkampf im Ruhrgebiet, S. 37 ff.; Morsey, Kulturkampf, S. 17
195 StAWe, D IV 641

politische Erörterungen. Trotzdem verbietet das Ministerium jede politische Betätigung. Der Bauernverein betont nun, er halte sich „von allen politischen Umtrieben" fern. Ein Ministererlass stuft trotzdem den Bauernverein als politisch gefährlich ein. Der streicht sorgfältig alle Formulierungen aus den Statuten, die auf eine politische, gar politisch katholische Tätigkeit hinweisen könnten[196]. Nun verfügt die Behörde, dass nach dem Vereinsgesetz keine Verbindung lokaler Ortsvereine erlaubt sei; daraufhin löst der Verein sich auf, schrittweise ebenso alle Ortsvereine; innerhalb von acht Tagen auch der Ortsverein Werne. Stattdessen wird ein einziger Zentralverein gegründet. Die Gründungsversammlung in Münster wird zu einer beeindruckenden Demonstration.[197] Es häufen sich darauf Neuanmeldungen, zahlreiche auch aus Werne. Im nächsten Zug der Behörden werden auch die Zusammenkünfte des Zentralvereins in einzelnen Orten verboten. Jetzt werden sogenannte „Wanderversammlungen von Ort zu Ort" organisiert. Auch die werden verboten. Die Kampfsituation für die Behörden wird dadurch nicht leichter. Nun arbeitet der Verein aus dem Untergrund.[198] Treffen werden als private Versammlungen angemeldet. Die Möglichkeiten zum Eingreifen für die Polizei sind sehr gering. So meldet etwa der Werner Amtmann Custodis in einem Pflichtbericht der Regierungsbehörde in Münster, man träfe sich in Werne nur zu völlig harmlosen Erörterungen.

Im „Westfälischen Merkur" und im bischöflichen „Sonntagsblatt" sind oft Aktionen so dargestellt, als habe das Volk mit „Heiterkeit" gehandelt. Es ist von „frohem Mut" die Rede, von „frisch und fröhlich" oder von der Sonne des „ultramontanen Humors".[199] Gemeint ist vor allem der Spott über die preußischen Behörden. Darin sind eine

---

196 Bauer, S. 378
197 Bauer, S. 379 f
198 Strötz, Katholizismus, S. 263
199 StAMS, Merkur, 21.1.1875; BAM, Sonntags-Blatt, 7.3.1875, S.162; auch 1876, S. 475.

gewisse Gelassenheit und ein gewachsenes Selbstbewusstsein des Volkes zu erkennen.

„Heiterkeit" gilt nicht als Tugend preußischer Behörden. Deshalb erhalten der Bürgermeister und der Amtmann in Werne am 10. Juni 1876 wieder einmal eine Dienstanweisung, die sich auf das Verbot des „Absingens regierungsfeindlicher Lieder" stützt. In dieser Anweisung wird „dringlichst" aufgetragen, das „Absingen" von Spottliedern nach der Melodie „Es steht ein Wirtshaus an der Lahn" zu unterbinden.[200] Diese Melodie – heute noch bekannt als Trägerin deftiger Zoten – eignet sich sowohl zum lautstarken Mitsingen als auch zur kreativen Neuschöpfung immer weiterer Verse. Es gibt auch „Gassenhauer" in verschiedenen Textvariationen. Ein Text eines solchen „Gassenhauers" aus dem Jahre 1876 ist, leicht abgewandelt, am Ende des 20. Jahrhunderts erneut zum „Schlager" geworden.

> *„Marmor, Stahl und Eisen bricht,*
> *Aber unsere Liebe zur Kirche nicht."[201]*

Zu „erheiternden Abwechselungen" kommt es oft an verschiedenen Orten bei Versteigerungen kirchlicher Güter, mit denen Strafgelder ausgeglichen werden sollen, ähnlich der Versteigerung der bischöflichen Güter in Münster. In Seppenrade scheitert ein Versuch, Gärten, Weiden und Ländereien der Pfarre in einer Versteigerung zu verpachten, in „einem glänzenden Fiasko"[202]. Eine zahlreiche Menge schaut amüsiert zu, irritiert den eifrigen Auktionator mit scherzhaften Zurufen und verweigert ebenso eifrig jedes Gebot.

In einer weiteren Versteigerung soll die gepfändete Kuh des Pfarrhauses die Strafen ausgleichen, die dem Kaplan Moll auferlegt worden

---

200 SA, LRLü 41.
201 BAM, Sonntags-Blatt, 1876, S. 59.
202 StAMS, Merkur, 11. März 1875.

sind. Es erscheint viel Volk, doch es werden nur Scherze geboten. Und nach der gescheiterten Versteigerung wird die „Kulturkampf-kuh"[203] unter den jubelnden „Ovationen" der Einwohner durchs Dorf getrieben.

Man missverstünde die preußischen Behörden, erwartete man jetzt nicht einen angemessenen Gegenzug. Der beamtete Briefträger Spahn in Seppenrade wird vom Amtmann Brüning angeklagt, „reichsfeind-lich" gehandelt zu haben. Es gibt gleich drei Anklagepunkte. Spahn verteidigt sich teils sehr überzeugend. Erstens habe er die Kirchenbü-cher und das Kirchensiegel nicht in den Postwagen laden dürfen, weil die preußische Post keine unverpackten Sendungen annehmen dürfe. Zweitens gibt er zu, bei Ovationen ein Hoch auf den verurteilten Priester Moll ausgebracht zu haben, ohne die polizeiliche Erlaubnis eingeholt zu haben; doch er sei katholisch. Drittens habe er an keiner Demonstration teilgenommen; er habe nur an verschiedenen Orten zufällig dagestanden, als die gepfändete Kuh Kaplan Molls vorbei-kommen sei. Der eigens angereiste Polizeiinspektor hat die Ironie in Punkt 2 wohl nicht verstanden. Die Einlassung unter Punkt 3 wertet er selbstgewiss als Ausrede und verwickelt den Angeklagten in ein vorwurfsvolles peinliches Verhör, um ein Schuldeingeständnis zu er-wirken. Dem beamteten Briefträger Spahn wird das schließlich so läs-tig, dass er ausruft: „Ich kündige hiermit!" Der Inspektor versucht nun, ihn mit Hinweis auf die nachteiligen Folgen davon abzubringen. Doch Briefträger Spahn bleibt hartnäckig, und die Oberpostdirektion nimmt die Kündigung an. Der letzte Satz im „Westfälischen Merkur" hierzu lautet: „Am 4. April war der reichsfeindliche Briefträger Spahn zum letzten Male im Dienst". Der Merkur legt nahe: Wie kann sich ein einfacher Briefträger dem allgemeinen Gaudi entziehen.

---

203 StAMS, Merkur, 21.7.1875.

Radikale Forderungen der Gegenseite und die enormen Belastungen der Kirche und der Gläubigen

Auf der anderen Seite im Machtspiel formuliert etwa ein liberaler Fundamentalist polemisch: „Besser keine Schule als eine von Ordensleuten geleitete."[204] In einer Dortmunder liberalen Zeitung wird gefordert, dass jeder Preuße als Hochverräter zu bestrafen sei, der noch mit dem Papst, „dem Anstifter und Verherrlicher des Hochverrates, dem erklärten Feind des Vaterlandes, in irgendwelcher Verbindung bleibe"[205]. In einem „Ministerialrescript" des Innenministeriums steht, dass geprüft werden müsse, ob „das Beten staatsgefährlich" sei; denn die „Herz-Jesu-Bruderschaft" habe Vereinsmitglieder zu dem Gebet verpflichtet, Gott möge der Kirchenverfolgung ein Ende setzen.[206] Die Verehrung des Heiligen Herzen Jesu ist eine mystische Verklärung der allumfassenden Liebe Jesu (s. Bild S. 53).[207]

Eine andere ministerielle Forderung lautet, die Priester müssten zu reichs- und preußenfreundlicher Haltung verpflichtet werden.[208] Man müsse von ihnen den Gehorsam gegen die Obrigkeit fordern. Gerade mit der Missachtung der staatlichen Gesetze hätten sie diesen Staat zu immer härteren Maßnahmen herausgefordert.

Die Katholiken bleiben über alle Interessengegensätze hinweg geduldig und hartnäckig bei ihrem zivilen Ungehorsam. Sie halten die Treue „wie die den Stürmen trotzenden Eichen auf roter Erde"[209]. Und dies, obwohl die Belastungen und Bedrängnisse enorm sind. Insgesamt ist im Königreich Preußen die Situation für die Katholiken weit ungünstiger als in Werne.

---

204 Falter, S.30.
205 BAM, Sonntags-Blatt, 1875, S. 158.
206 Siegfried, S. 253.
207 Siehe Schwarze, A., Herz-Jesu-Fenster.
208 SA, OP 1923.
209 BAM, Sonntags-Blatt 1876, Jahrg. 35, S.188.

Die katholische Presse listet die „Ruinen des Kulturkampfes" eindrucksvoll auf. Acht Bistümer in Preußen sind verwaist, fünf Bischöfe sitzen im Gefängnis, drei sind ins Exil geflohen. Ihre Wohnungen bzw. Paläste stehen leer oder sind zumeist von den Behörden bezogen. Ihre Güter sind in die „Verwahrung und Verwaltung des Staates" genommen. 225 Priester sind eingekerkert, weil sie „gesetzwidrig" Messen gelesen, Beichte gehört oder gepredigt haben, ferner getauft und die Kommunion ausgeteilt haben. Allein auf dem Höhepunkt des Konflikts, in dem kurzen Zeitraum von Januar bis April 1875, sind 103 katholische Geistliche ausgewiesen oder interniert worden. 601 Pfarreien sind im Jahre 1881 in Preußen völlig verwaist. Insgesamt sind im Deutschen Reich 1770 Priester aus ihrem Amt entfernt. Zahlreiche Geistliche sind zu Geldstrafen verurteilt worden. Allein in der Citadelle Wesel sitzen 42 Geistliche in Festungshaft.[210] Und kein katholischer Priester ist bereit, den „Nacken vor den Preußen zu beugen"[211]. Hunderttausende von Gläubigen sind völlig ohne jegliche Seelsorge. Sterbende bleiben ohne die Tröstungen der katholischen Kirche, Tote ohne kirchliches Begräbnis.

Allen Priestern sind die vertraglich zustehenden staatlichen Unterhaltsmittel gesperrt. An einigen Orten sind die Katholiken zugunsten der Altkatholiken aus ihren Gotteshäusern vertrieben. Manche Gotteshäuser sind dadurch entweiht. Den katholischen Geistlichen ist die Schulaufsicht entzogen. Katholische Lehrer dürfen ihre Schulkinder nicht mehr während der Gottesdienste beaufsichtigen. Der katholische Religionsunterricht in öffentlichen Schulen ist verboten oder stark eingeschränkt. Alle Klöster, sofern sie nicht der Krankenpflege dienen, sind aufgehoben. Alle katholischen Knabenseminare, theologischen Konvikte und Priesterseminare sind geschlossen.

---

210 Scholle, S. 242; BAM, Sonntags-Blatt 1875, Jahrg. 34, S. 190.
211 Sommer, S. 27.

Friedensschritte

Als in der liberalen „Kampf"-Presse aufgrund einer ernsthaften Erkrankung Pius' IX. auf das baldige Ableben des kämpferischen Papstes gehofft wird, tauchen – zum Beispiel in Münster – in vielen Fenstern Spruchbänder auf wie: „Pius im Herzen, heller als tausend Kerzen!" oder „O, leiwer Papa Pius, bliew noch lange bi us!"[212] Doch Pius IX. überlebt die Krankheit nicht. Er stirbt am 7. Februar 1878.

In deutlichem Gegensatz zu ihm ist sein Nachfolger, Leo XIII., zu einer Verständigung bereit. Er ist ein auf Ausgleich bedachter Diplomat und aufgeschlossen für die moderne Welt. Dieser Papst ist angesichts der Folgen des Kampfes besorgt um das Seelenheil der Gläubigen. Zudem bekümmert ihn die soziale Not der Arbeiterklasse. Er bekundet Bismarck gegenüber deutlich seinen Friedenswillen.

Und auch der deutsche Reichskanzler Bismarck ist nun gewillt, die Konfrontationspolitik zu beenden. In der zweiten Hälfte der 70er Jahre gewinnt Bismarck mehr und mehr die Überzeugung, dass seine Ziele im Kulturkampf gegen die geschlossene Front der Katholiken nicht zu erreichen sind. Es sind vornehmlich innenpolitische Gründe, die zum Kurswechsel und zur Einstellung des Konflikts führen. Bismarck sieht in den „revolutionären" Sozialdemokraten die neue große Gefahr für das Reich. Die Abkehr vom Freihandel ist darüber hinaus der Hauptgrund seines Bruchs mit den Nationalliberalen. Der sogenannte Gründerkrach hat zu einer Wirtschaftskrise geführt[213], die eine Schutzzollpolitik erforderlich macht. Diese und eine Lösung der sozialen Frage ist mit den Nationalliberalen nicht zu erreichen. Zudem sind die Liberalen durch die Erfolglosigkeit im Kulturkampf und durch ihre widerspruchsvolle Politik, in die sie sich verwickelt haben, erheblich geschwächt.

---

212 Ficker, S. 235.
213 Hiepel, S. 37.

Die Friedensverhandlungen auf der höchsten Ebene erweisen sich allerdings als kompliziert und voller Hindernisse in vielfältiger Art. Keiner will sein Gesicht verlieren. Bismarck kann nicht klein beigeben, Leo XIII. nicht vor staatlicher Allmacht zu Kreuze kriechen.

Papst Leo XIII.

Bismarck begründet sein Zaudern so: „Nach Canossa gehen wir nicht!" Im Vergleich mit dem mittelalterlichen Investiturstreit will der Reichskanzler damit sagen, dass jetzt nicht die weltliche Macht vor der Kirche knien und sich nicht unterwerfen dürfe, wie im Mittelalter König Heinrich IV., sondern dass jetzt eher eine Unterordnung der

Der Fußkuss ist unter Pius IX. bei verschiedenen Anlässen eine obligatorische Zeremonie zur Verehrung des Papstes gewesen. In der Karikatur fordern sich Papst Leo XIII. und Reichskanzler Bismarck wechselseitig zum Fußkuss auf als Zeichen der Unterwerfung. Ludwig Windthorst, der Führer des Zentrums, kiebitzt als kritischer Zaungast.

Kirche unter den Staat nötig sei. Während der Kampf etwa sechs Jahre gedauert hat, ziehen sich die Ausgleichsverhandlungen neun Jahre lang hin bis zu den letzten Friedensgesetzen im Jahre 1887.

Erleichterungen Schritt für Schritt

Auf der höchsten Ebene gibt es nur in unbedeutenden Schritten Annäherungen. Aber parallel zu kleinen Friedensregelungen erbringen zahlreiche Maßnahmen auf der lokalen Ebene und der Ebene der Provinzen nach und nach schon deutliche Erleichterungen.

Die Mai-Gesetze werden von den Behörden ab 1880 kaum noch oder nur noch sehr lax gehandhabt. Ein erstes Milderungsgesetz im Juli 1880 bringt einige Erleichterung für das kirchliche Leben in den Pfarreien. Die Priester Spithöver, Veltmann und Moll dürfen ihr geistliches Amt nun wieder ohne Einschränkungen ausüben. Aushilfe durch auswärtige Geistliche wird erlaubt. Das betrifft Pater Chrysostomus. 1882 verzichtet der Staat darauf, dass Pfarrer durch die Gemeindeversammlung gewählt werden müssen. Neu eingesetzte Bischöfe werden nicht mehr verpflichtet, einen Eid auf das Preußische Königreich zu leisten. Ab 1883 bleiben die Priester, die „gesetzwidrig" angestellt sind, straffrei. Die Anzeigeverpflichtung der Bischöfe ist praktisch aufgehoben. Im Juli 1879 ist der Scharfmacher im Kulturkampf, der Kultusminister Adalbert Falk, entlassen worden. Er wird Präsident des Oberlandesgerichts in Hamm. Der Oberregierungsrat Tzschoppe, der so gewissenhaft die Strafverfolgungen betrieben hat, wird 1881 nach Erfurt versetzt.

Der Stadt Werne bringt das Jahr 1884 den entscheidenden Umschwung. Am 21. Januar 1884 ist Bischof Johann Bernhard Brinkmann nach 8 Jahren begnadigt worden. Er kehrt aus dem Exil zurück. Zu den ersten Amtshandlungen des Bischofs gehört die Wiederbesetzung vakanter Pfarrstellen. Mit Theodor Frintrup, in Hiddingsel geboren, erhält Werne 1884 nach elfjähriger Unterbrechung einen neuen Pfarrdechanten. Und ab 1884 wird auch die Staatsleistung für katholische Priester wieder ausgezahlt.[214]

Es ist erstaunlich, wie die preußischen Behörden im Gegensatz zu der Kampfsituation jetzt agieren. Im August 1884 erhält das Landratsamt in Lüdinghausen von der Regierungsbehörde in Münster die Anweisung, sie solle den Vikar Fortkamp aus Seppenrade auffordern, dass dieser die Wiederverleihung der preußischen Staatsbürgerschaft unter Angabe des beabsichtigten Wohnsitzes beantrage.[215]

Vom ersten Milderungsgesetz im Jahre 1880 bis zum letzten Friedensgesetz 1887 vergehen sieben Jahre. In einem beispielhaften Balanceakt wird schließlich ein Ausgleich erreicht, in dem beide Seiten sich wechselseitig als gleichwertige Partner anerkennen.[216] Beide, sowohl Leo XIII. als auch Bismarck, leisten Verzichte.

Ungeduld der Gläubigen wegen der Verzögerung der Wiederzulassung des Klosters

Nur für die katholischen Orden gelten trotz der vielfachen Friedensschritte und der zahlreichen Erleichterungen die Entspannungen zunächst nicht. Noch im November 1886 verlangt die Präsidialregierung in Münster vom Bürgermeister der Stadt Werne einen Bericht zum „ehemaligen Kloster". Eine anonyme Anzeige bei der Behörde hat den Vorwurf erhoben, dass im Werner Kloster „sich ein weiterer Pater niedergelassen" habe. Der Nachforschungsauftrag an die Polizeibehörde in Werne ist mit dem genauen Hinweis auf die Bestimmungen

---

214 Siehe StAWe, D IV 501, 4.3.1884.
215 SA, LRLü 165, 12.8.1884.
216 Franz, S. 279.

des Klostergesetzes vom 31. Mai 1875 untermauert, die jede Niederlassung der Mönche und jede Ordenstätigkeit verbieten.[217]

In einem sehr ausführlichen Schreiben stellt der Bürgermeister der Stadt Werne die Vorwürfe als unberechtigt hin. Der Ton des Briefes wirkt beschwichtigend. Es gebe keine Niederlassung im Kloster, da nur Bruder Humilis Wiegand das Kloster bewache. Pater Chrysostomus Branze wohne bei der begüterten Witwe Kreft. Nach deren Tod sei er in das unter anderen auch von der Frau Kreft gestiftete Krankenhaus übergesiedelt. Zurückgekehrt sei nur ein anderer Pater, der sich nach einem Schlaganfall in der guten Luft der Stadt Werne erholen wolle. Dieser wohne nicht im Kloster. Ausführlich wird dargestellt, dass alle Gebote und Anweisungen erfüllt worden seien. „Eine Niederlassung der Kapuziner findet hier nicht statt."[218]

Die Gelassenheit, die aus dem Schreiben des Bürgermeisters spricht, wird von der Werner Bevölkerung offensichtlich nicht geteilt. In einem Zeitungsbericht am Anfang der 2. Jahreshälfte 1887 heißt es, dass die Werner Bürgerinnen und Bürger lange und „sehnlichst" darauf gewartet haben, dass die harte Kulturkampfmaßnahme der Klosterauflösung aufgehoben wird. Anfang August 1887 strömen die Gläubigen aus Werne und zahlreiche Pilger aus der Nähe und Ferne zum Kapuzinerkloster.[219] Es wird das Portiunkula Fest gefeiert. Die Marienkapelle in Portiunkula ist die Lieblingskapelle des heiligen Franz von Assisi gewesen.

Am Festtag, dem 2. August, haben Franziskanerkirchen, so auch die Kapuziner in Werne, das Privileg erhalten, einen vollkommenen Ablass zu gewähren. Die Beichtstühle in Werne sind schon einen ganzen Tag vorher umlagert. In dem Bericht zu diesem Fest 1887 heißt es: „Die ganze Umgegend sehnt sich sehr nach der baldigen Rückkehr

217 StAWe, C II 518, 17.11.1886.
218 Ebenda, Nachschrift (umseitig).
219 BAM, Sonntags-Blatt für katholische Christen, Jg. 1887, S. 521.

der Kapuziner, die hier stets so segensreich gewirkt haben und in den vielen umliegenden Ortschaften bei Krankheit der Geistlichen und bei kirchlichen Feierlichkeiten so bereitwillig Aushilfe leisteten."[220]

Die letzte einschneidende Maßnahme des Kulturkampfes, die Werne hart betroffen hat, wird auch als die letzte mit großer Verzögerung aufgehoben. Am 29. April 1887 wird das Gesetz beschlossen, demgemäß die meisten Ordensgemeinschaften unter verschiedenen Auflagen wieder zugelassen werden. Allerdings darf eine Neuzulassung nur genehmigt werden, wenn ein entsprechender Antrag gestellt wird und sowohl der Bischof als auch die Provinz- bzw. die Stadtbehörden diese Zulassung befürworten. Am 11. Juni wird der Magistrat der Stadt Werne vom Königlichen Regierungspräsidium aufgefordert, zur

Die Kapelle Portiuncula, Ursprung der franziskanischen Orden und Lieblingskapelle Franz von Assisis

220 Ebenda.

„Wiederzulassung der Kapuziner in Werne" Stellung zu nehmen. „Welche Bedenken in staatlicher, lokaler und konfessioneller Hinsicht" vorlägen bzw. ob „Gründe für die Genehmigung" bestünden.[221] Das Gutachten des Werner Magistrats ist eindeutig: „Die Kapuziner sind ... anspruchslose, dem Gebet, der Unterstützung der Armen und der Seelsorge ergebene Leute. Von einer Einmischung in fremde ... Angelegenheiten haben wir niemals etwas vernommen. Sie sind hier sehr beliebt und würden bei ihrer Rückkehr vom Volke ... mit Freuden begrüßt"[222]. Der Bischof hat in seiner Stellungnahme hervorgehoben, dass die Kapuziner in „sozialer Beziehung bestens" wirkten und dazu beitrügen, die „Ordnung zu erhalten"[223].

Wenige Wochen nachdem Papst Leo XIII. den Friedensschluss im Kulturkampf verkündet hat, trifft am 1. August 1887 in Werne die Erlaubnis aus Berlin ein, dass die letzte der einschneidenden Kulturkampfmaßnahmen aufgehoben werden kann. Nach zwei Vertreibungen im 19. Jahrhundert kehren die Kapuziner zum zweiten Mal nach Werne zurück. Allerdings wird ihre Tätigkeit in der Christophorus-Gemeinde auf die Aushilfe in der Seelsorge beschränkt.

Friedensschluss – ein Ausgleich in der Sicht Bismarcks und Leo XIII.

In einem verwickelten diplomatischen Wechselspiel zwischen Leo XIII. und Bismarck über die Köpfe aller Beteiligten hinweg wird ein Kompromissfrieden ausgehandelt. Ludwig Windthorst, der redegewaltige Führer des Zentrums, ist erbost darüber, dass seine Partei und er von den Verhandlungen ausgeschlossen worden sind.[224] Für ihn bedeutet Nachgiebigkeit Schwäche.

---

221 StAWe, CII 518, Juni 1887; SA, LRLü, 316, 11.6.1887.
222 Ebenda.
223 Häger, S. 108.
224 Strötz, S. 435.

Auch die preußischen Bischöfe sind zunächst gegen zu weitgehende Zugeständnisse. Lieber wolle man Verfolgungen erdulden als dauernder Knechtschaft unterworfen zu sein.[225] Der Unmut ist insofern berechtigt, da zahlreiche schwerwiegende Gesetzesinhalte bestehen bleiben. Trotzdem verkündet im Mai 1887 Leo XIII. offiziell den Friedensschluss. Dieser wird von den Unnachgiebigen auf beiden Seiten kritisiert. Dies ist ein Zeichen dafür, dass es den Diplomaten Bismarck und Leo gelungen ist, den Frieden so erscheinen zu lassen, als habe keiner sein Gesicht verloren.

Die liberalen Parteien verharren in ihrer politischen und weltanschaulichen Verhärtung. Sie bleiben bei ihrem Ziel, dass die Kirche sich den staatlichen Gesetzen unterwerfen müsse.

Als Erfolg für den Staat kann Bismarck Schulaufsicht, Standesämter und Zivilehe verbuchen. Die Kirche bzw. Leo XIII. sind einverstanden mit Standesämtern, Zivilehe und Schulaufsicht. Diese sind allerdings nie existentielle Streitpunkte gewesen.

Der Staat verzichtet auf die Einmischung in innerkirchliche Angelegenheiten. Das Vetorecht bei der Besetzung kirchlicher Ämter bleibt zwar eingeschränkt bestehen, fällt aber in der Praxis völlig weg. Priesterseminare können wiedereröffnet werden. Lehrinhalte und Prüfungsanforderungen unterliegen nicht mehr staatlicher Kontrolle. Die kirchliche Disziplinargewalt wird wiederhergestellt.

Die preußischen Behörden vollziehen die Wende zum Frieden bereitwillig mit. Es ist erstaunlich, wie vorsichtig und sensibel sie jetzt handeln. Der Staat verzichtet nicht nur auf sein Vetorecht bei den Anzeigen von Stellenbesetzungen, sondern kontrolliert nur lässig, ob die Mitteilungen zur Besetzung auch erfolgen. So heißt es zum Beispiel in einem als „vertraulich" gekennzeichneten Behördenschreiben des

---

225 Ebenda, S. 269.

Landrats Wedel an den neuen Amtmann der Werner Landgemeinden, Gustav Lambateur, dass er nur Angaben über kirchliche Stellenbesetzungen machen solle, „insoweit Sie sich ohne lästiges Eindringen in die Privat-Verhältnisse Kenntnis verschaffen können"[226].

Die anfängliche Skepsis der deutschen Bischöfe erweist sich im Nachhinein als unberechtigt. Die Reste der Kulturkampfgesetze, die Leo XIII. akzeptiert hat, haben zumeist nur noch formalen Charakter.[227]

Der Volksmund: „Bismarck hat sich am Weihwasser die Finger verbrannt"

Die Katholiken feiern den Ausgang des Kulturkampfes als Sieg. „Bismarck hat sich am Weihwasser die Finger verbrannt", so dichtet der Volksmund. Die Rückkehr des Bischofs im Jahre 1884 ist schon vor Abschluss des Friedens als glänzende Siegesfeier abgelaufen. Nach seiner Rückkehr in Münster ist Bischof Brinkmann ein triumphaler Empfang ohnegleichen bereitet worden. Allein der Domplatz ist mit 25.000 Lampions beleuchtet. Der „Westfälische Merkur" dichtet: „Jetzt laßt die Glocken von Turm zu Turm durchs Land frohlocken im Jubelsturm."[228]

Der Jubelsturm will in Münster kein Ende nehmen. An drei Tagen sind die Straßen der Stadt von „enthusiastischer Festtagsfreude" beherrscht.[229] Die Menschenmenge aus der gesamten Diözese ist unabsehbar. Und ähnlich wird in allen Gemeinden der Diözese gefeiert.

Am 24. September 1885 ist Bischof Johann Bernhard Brinkmann wieder zu Besuch in Werne. Zehn Jahre sind seit seinem ersten Besuch

---

226 StAWe, DI 165b, 20. Dez. 1885.
227 Weber, S. 172.
228 Ficker, S. 437.
229 Ficker, S. 434.

vergangen. Mehr als acht Jahre dieser Zeit hat er im niederländischen Exil verbracht. Die Feierlichkeiten zu diesem Bischofsbesuch zeigen, wie grundlegend und wie schnell sich die Situation in Werne wieder normalisiert hat. Der neue Pfarrdechant Frintrup leitet eine Pfarrgemeindeversammlung, an der die Stadtverordneten und auch Bürgermeister Thiers teilnehmen. Gemeinsam mit den städtischen Behörden wird das Festprogramm aufgestellt und die Empfangsfeier organisiert. Einen erheblichen Teil der Kosten für die einheitliche Dekoration des Marktplatzes und für die Beleuchtung übernimmt die Stadt – laut Beschluss der Stadtverordneten.[230] Dechant Frintrup fordert, so ist es beim Bischofsbesuch 1891 belegt, den Bürgermeister Thiers auf, „die

Bischof Johann Bernhard Brinkmann spendet nach seiner Rückkehr aus dem Exil vor dem Domportal zu Münster den bischöflichen Segen

---

230 StAWe, C II 530, 23. Sept. 1885.

städtischen Kollegien veranlassen zu wollen, bei dem Einzug des hohen Gastes in corpore (sprich: geschlossen) sich zu beteiligen". Ferner bittet er ihn, für die Organisation „das Nötige veranlassen zu wollen"[231]. Und der Polizeidiener verkündet durch Gassenausruf den Ablauf der Feierlichkeiten. Die Quellen vermitteln den Eindruck, dass es in „kirchenpolitischen Fragen" keinerlei Differenzen zwischen den „Kollegien" der Stadt und der Kirchengemeinde mehr gebe.

Die Werner Bürgerinnen und Bürger füllen bei dem feierlichen Hochamt mit dem Bischof Kirche und Kirchhof. Am Ende der Messe stimmen die Gläubigen wiederum ein Kirchenlied an, diesmal ist es das Lied „Großer Gott, wir loben Dich. Herr wir preisen Deine Stärke." Bei der Rückkehr des Bischofs in Münster und dann auch im gesamten katholischen Westfalen erklingt dieses Lied jetzt wie ein triumphaler Siegesgesang.

1.
Großer Gott wir loben dich,
Herr wir preisen deine Stärke;
vor dir neigt die Erde sich
und bewundert deine Stärke.
Wie du warst vor aller Zeit,
so bleibst du in Ewigkeit.

Vor allem die neunte Strophe wird mit besonderer Inbrunst gesungen.

9.
Sieh dein Volk in Gnaden an.
Hilf uns, segne, Herr, dein Erbe;
leit es auf der rechten Bahn,

---

231 StAWe, C II 530, 8./9. Juni 1891.

dass der Feind es nicht verderbe.
Führe es durch diese Zeit,
nimm es auf in Ewigkeit.

Sieg, Niederlage oder ein Remis?

Bismarck und Leo XIII. reklamieren den Ausgleich als ihren Erfolg. Das Volk feiert ihn als Sieg der Kirche. Das Zentrum kritisiert ihn heftig. Ein Großteil der deutschen Bischöfe widerspricht ihm zunächst. Die liberalen Parteien bekämpfen ihn. Im historischen Rückblick muss geprüft werden, wie Erfolg oder Niederlage verteilt sind. Bismarck selbst hat seinen Fehler erkannt. In seinen Memoiren schreibt er: „Der Missgriff (des Kulturkampfes) wurde mir klar an dem Bilde ehrlicher, aber ungeschickter preußischer Gendarmen, welche mit Sporen und Schleppsäbeln hinter gewandten und leichtfüßigen Priestern durch Hintertüren und Schlafzimmer nachsetzten."[232] Er hat die Katholiken zu gehorsamen Anhängern des Kaisers machen wollen; doch nach dem Kulturkampf wird die Autorität der Bischöfe und Priester höher eingeschätzt als die des Monarchen.
Bismarcks einziger politischer Erfolg kann nur als solcher gewertet werden, wenn er an seinen eigenen Wünschen gemessen wird. Er hat eine weitergehende demokratische Parlamentarisierung des Reiches verhindern können. Langfristig ist das für Deutschland von großem Nachteil gewesen. Für den Staat ist der Kulturkampf zumeist zum Misserfolg geraten.[233] Ein Beispiel in diesem Zusammenhang wirkt aufschlussreich: Der Kanzelparagraph, das „Maulkorbgesetz", ist nicht aufgehoben worden. Dieses Gesetz ist in der Kulturkampfzeit

---

232 Morsey, S. 19.
233 Nipperdey, S. 381.

kaum angewendet worden[234]. Während der Diktatur Hitlers und in der DDR wird es sehr oft die Grundlage für Verurteilungen. In der Bundesrepublik Deutschland ist es erst 1953 gestrichen worden.

Misst man den Ausgang des Kampfes an den Zielen Bismarcks und der liberalen Parteien, die gemeinsam den Einfluss des Staates auf innerkirchliche Entscheidungen erstrebten und eine Art Nationalkirche ohne kirchliche Eigenständigkeit errichten wollten, dann ist es ein Sieg der Kirche.[235] Die Kirche behauptet sich als selbstständige Körperschaft.[236] Sie erringt einen Verteidigungssieg.

Die Kirche hat sich gegen eine Ideologie gewehrt, die sie staatlicher Allmacht unterordnen wollte. Der Staat auf der anderen Seite praktiziert nun uneingeschränkt die religiöse Toleranz. Diese im Kulturkampf erreichte Kompromisslösung zwischen Staat und Kirche hat bis heute Bestand.

Das Zentrum, die Partei der Katholiken, geht gestärkt aus dem Kulturkampf hervor. 1881 wird sie die stärkste Fraktion im Reichstag mit 100 von 397 Sitzen, das sind 25,2 % der Mandate. Im Preußischen Abgeordnetenhaus verdoppelt sie fast ihre Mandate trotz des für sie ungünstigen Dreiklassenwahlrechts, von ihr als „Geldsackwahlrecht" verspottet. Von 51 im Jahre 1870 steigt die Zahl der Mandate auf 98 im Jahre 1885. Bismarck hat die Partei zerschlagen wollen; sie geht gestärkt aus dem Kulturkampf hervor (s. Wahlergebnisse S. 149 f.).

Die Liberalen verlieren an politischem Einfluss im Reich. Bismarcks politische Wende drängt die Nationalliberalen in eine zeitweise fast wirkungslose Oppositionsrolle. Vor allem aber verlieren sie an politischer und ideeller Überzeugungskraft;[237] denn in ihrem unerbittlichen Kampf gegen die angeblich „finsteren und unaufgeklärten" Mächte

---

234 Gründer, Kirchenvolk, S. 133.
235 Siehe Weber, S. 172; Siehe Nipperdey, S. 381.
236 Franz, S. 278.
237 Siehe Franz, S.277f.

der Kirche haben sie blind ihre eigenen Ideale missachtet: Toleranz, Gewissensfreiheit, Religionsfreiheit und die Rechtssicherheit. Vor allem aber verzichten sie im Bündnis mit Bismarck auf einen energischen Kampf für eine weitere Demokratisierung im Deutschen Kaiserreich.[238] Angetreten, den „unmündigen" Menschen das Licht der Vernunft zu bringen, verlaufen sie sich im Dunkel von Widersprüchen, Ungerechtigkeiten, Verfassungsbrüchen und einem Nationalismus mit wachsender illiberaler Tendenz. In ihrem politischen Verhalten und ihrer Argumentation unglaubwürdig geworden, von Bismarck politisch ausmanövriert, vom Zentrum und vor allem von den Sozialdemokraten mehr und mehr als Klassenpartei der Reichen hingestellt, verlieren sie auf Dauer Wahlen und Einfluss.

Den „katholikenfresserischen"[239] Liberalen hat die antikatholische ideologische Brille den Blick auf die Realität verstellt. Weder sind die Priester die finsteren, machthungrigen Kräfte gewesen, noch haben sich die gläubigen Christen als die irregeleiteten, ausgenutzten, in stumpfer Unmündigkeit lebenden Hörigen gefühlt, wie die Liberalen behaupteten. Das Bild der Liberalen von der Kirche war noch geprägt von der Zeit des Absolutismus im 18. und 17. Jahrhunderts, als die Kirchen in der Einheit von „Thron und Altar" wichtige Stützen der eigenmächtig regierenden Fürsten waren.

Die beiden ehemals großen liberalen Parteien der Kulturkampfzeit bekommen im Preußischem Abgeordnetenhaus bei der Wahl 1885 zusammen nur noch 115 Sitze; das ist ein Verlust von 132 Mandaten im Vergleich zur Wahl 1873.

Ihr hochgemuter Fortschrittsoptimismus ist zudem durch furchtbare Kriege, Katastrophen und Gefahren aller Art im 20. Jahrhundert nachhaltig zerstört worden.

---

238 Morsey, S. 23; Blackbourn, S 29 f.
239 Nipperdey, Machtstaat, S. 306.

St. Dionysius in Seppenrade
1882 bis 1884 erbaut

ST. Christophorus in Werne
Chorfester 1897 eingesetzt

Nach dem Ende des Kampfes: Provokation in religiösen Kunstwerken

In den letzten Jahrzehnten des 19. Jahrhunderts werden viele Kirchenneubauten errichtet oder historische Kirchen umgestaltet oder renoviert. In zahlreichen dieser Kirchen dokumentiert sich das gestärkte Selbstbewusstsein der Katholiken. In künstlerischen Gestaltungen werden in symbolischen Anspielungen die tiefen Verletzungen der vergangenen Jahre verarbeitet. Zumeist sind große Kirchen im neugotischen Stil errichtet worden. Diese Kunstrichtung will mit Formen, die von einem verklärten Mittelalterbild geprägt sind, zur Erneuerung christlichen Glaubens beitragen. Ein herausragendes Beispiel ist die neugotische Kirche St. Dionysius in Seppenrade, die von 1882 bis 1884 erbaut worden ist.

Zahlreiche sonstige Kirchen werden am Ende des 19. Jahrhunderts mit Werken der Nazarener ausgeschmückt. Die „Nazarener", eine deutsche Künstlergruppe in Rom, vertreten eine romantisch-religiöse Kunstrichtung mit dem Ziel, die Kunst im Geiste des Christentums zu erneuern. Als Gegner der preußischen Kulturkampfmaßnahmen üben sie versteckt Kritik in ihren religiösen Bildwerken. Darin können verfolgte Bischöfe erkannt werden, die „derzeitig" im Gefängnis sitzen oder im Exil leben. Einige der Künstler sind auf Bildern in Figuren zu erkennen, die Christus auf seinem Leidensweg unterstützen.

In der Werner Pfarrkirche St. Christophorus werden 1897 Chorfenster eingesetzt, die im Nazarener Stil gestaltet sind. Das Motiv im zentralen Chorfenster zeigt Christus als Pantokrator, als Allherrscher. Es nimmt Elemente des Frühmittelalters auf und soll eine dogmatische Christusvorstellung im Sinne Pius IX. vermitteln. Christus segnet als Weltenherrscher die Kirchenbesucher.[240] Dieses Bild hat nach dem

---

[240] Siehe Schwarze, A., Nazarener-Fenster.

Kulturkampf dem Wunsch und dem Siegesgefühl der Gläubigen entsprochen.

Die nachträgliche Kritik in religiösen Kunstwerken an den preußischen Kulturkämpfern dehnt sich über das gesamte Königreich aus.

Christus als Pantokrator im zentralen Chorfenster der St. Christophorus Kirche, 1897 eingebaut

In Stein gemeißelt müssen daher auf ewig preußische Zeitzeugen dem König Christus ehrfürchtig dienen, so in Legden. Die Zusammenhänge sind zumeist nicht eindeutig, dazu ist die Zeit noch immer zu angespannt. Doch lassen sich etwa in den Kapitellen der steinernen Säulen des neugotischen „Doms" in Billerbeck unschwer die Köpfe preußischer Generäle, Politiker und der Bismarcks erkennen. Auf ihren Schultern lastet jetzt auf ewig das gesamte Gewicht der Kirche. Pius IX. hilft dagegen in der Gestalt Simon von Kyrenes auf der V. Station des Kreuzwegs in Beckum Christus das Kreuz tragen, das Zeichen der Last und der Ungerechtigkeit der Welt. In der Marienkirche in Kaiserslautern ist der Geländerknauf der Kanzel als Dämon mit den Zügen des Reichskanzlers Otto von Bismarck gestaltet. Bei jedem Aufgang zur Predigt schlägt der Priester diesem Dämon aufs Haupt.

Zu den künstlerischen Neugestaltungen gehören vor allem zahlreiche Kreuzwege. In der ehemaligen Stiftkirche St. Martinus in Nottuln

Einer der römischen Legionäre auf dem Kreuzweg in der St. Christophoruskirche, die Christus auf der Via Dolorosa zur Hinrichtungsstätte treiben, zeigt deutliche Ähnlichkeiten mit Bismarck

zeigt die VII. Station des Kreuzwegs Reichskanzler Otto von Bismarck als römischen Legionär.

In der traditionsreichen mittelalterlichen Pfarrkirche St. Christophorus in Werne wird 1884, wenige Wochen nach der Rückkehr des Bischofs aus dem Exil, ein neuer Kreuzweg errichtet. Kaplan Veltmann hat dazu im März 1884 dem bischöflichen Generalvikariat Protokolle übersandt. Einer der römischen Legionäre, die Christus auf der Via Dolorosa zur Hinrichtungsstätte treiben und ihn dort ans Kreuz nageln, zeigt deutliche Ähnlichkeiten mit Otto von Bismarck. Mit ausgestrecktem Arm weist dieser Legionär in Richtung Golgatha.

Lebensläufe

Die überschwängliche Freude der Werner Bürger beim Besuch des Bischofs 1885 ist nicht ungetrübt gewesen. Johann Bernhard Brinkmann ist aus seinem Asyl herzkrank zurückgekehrt. Im Werner Stadtarchiv ist ein Schreiben aufbewahrt, in dem der Bischof persönlich in sehr zittriger Schrift den Bürgermeister, den Rat und die Bürger der Stadt Werne um Verständnis dafür bittet, dass er aus gesundheitlichen Gründen an den abendlichen Feierlichkeiten und der Illumination nicht mehr teilnehmen könne. [241] Von dieser Krankheit hat sich der Bischof nicht mehr erholt. Er stirbt im Jahre 1889.

Prälat Ludwig Anton Veltmann

---

241 StAWe, CII 530, 24. Sept. 1885.

Bernard Spithöver wird 1889 Pfarrer in Milte bei Warendorf. Dort stirbt er 1894 nach langer schwerer Krankheit mit 55 Jahren.

Kaplan Ludwig Anton Veltmann wird 1884 Vikar in Drensteinfurt. Ab 1891 ist Veltmann Pfarrer in Vorhelm. 1928 erhält er den Ehrentitel „Päpstlicher Geheimkämmerer". Er tritt erst 1931 in den Ruhestand – in seinem 87. Lebensjahr.[242] Er stirbt 1934.

Freiherr Ignatz von Landsberg-Velen zu Drensteinfurt macht, nachdem er 1890 Wahlen zu den Parlamenten verloren hat, als preußischer Beamter Karriere. Der König ernennt ihn zum Landrat im Kreis Münster. 1904 wird er Präsident des westfälischen Provinziallandtages, Vorsitzender des Provinzialausschusses und der Landwirtschaftskammer.

Johann Wilhelm Graf Wedel bleibt bis 1906 Landrat des Kreises Lüdinghausen. Eine große Ehre ist es für den Grafen, als er diensttuender Kammerherr bei der Kaiserin Augusta in Berlin wird. Auch nach dem Tod Kaiser Wilhelms I. und der Kaiserin Augusta kann Graf Wedel sich des kaiserlichen Wohlwollens erfreuen. Er gehört zu dem

Freiherr von Landsberg und *Graf von Wedel* *im Alter mit hohen Auszeichnungen*

242 BAM, Kleruskartei.

Gefolge, das Kaiser Wilhelm II. auf dessen politischer Pilgerreise 1898 nach Jerusalem begleiten darf. Wedel stirbt im April 1912 auf Haus Sandfort.

Bürgermeister Thiers hat den Spagat zwischen seinem Werner Volk und den preußischen Behörden gut bewältigt. Er wird sowohl in den Jahren vor als auch nach dem Ende des Kulturkampfs von den neun Stadtverordneten immer wieder einstimmig zum Oberhaupt Wernes gewählt. Und der Kirchenvorstand der St. Christophorus-Gemeinde bestimmt ihn zum Kassenverwalter und Rechnungsführer, nachdem die Verwaltung des Dechanei-Vermögens - nach langer Verzögerung durch Tzschoppe - von der Behörde in Münster dem Kirchenvorstand übergeben worden ist. Der Kirchenvorstand vertraut dem Bürgermeister so sehr, dass er ihm eine Generalvollmacht erteilt.[243] Zudem erhält Thiers auch von der preußischen Behörde in Münster, die dort das kirchliche Vermögen beaufsichtigt hat, Lob und Anerkennung. Er habe als staatlicher „Commissarius" des Dechanei-Vermögens „fleißige und gewissenhafte Arbeit" geleistet.[244]

Am 2. Dezember 1882 stirbt Friedrich von Kühlwetter, in seinem Amtssitz, dem Schloss zu Münster, der ehemaligen Residenz der Fürstbischöfe. Er, der so streng die Maigesetze ausführen wollte, hat vor seinem Tod darauf Wert gelegt, sich mit der Kirche zu versöhnen, und er erbittet die Sterbesakramente der katholischen Kirche.[245] Seine Tochter tritt wenige Jahre später in ein Kloster ein.[246]

Das Selbstbewusstsein des katholischen Volkes wird erheblich gestärkt, da der Ausgang des Kulturkampfes von den Katholiken als siegreich empfunden wird. Gerade die Masse des Volkes hat mit den Demonstrationen, Aufläufen, Prozessionen, Feierlichkeiten und den

---

243 BAM, A 485, 16.3.1877.
244 StAWe, CII 542, 5.11.1876.
245 Siehe Ficker, S. 397.
246 Siehe Falter, S. 180.

zahlreichen kleineren Aktionen den Kampf wesentlich geführt. Daraus erwächst, vor allem in der Zentrumspartei, auch eine deutliche Tendenz zur Demokratisierung. Diese trägt mit dazu bei, dass der politische Einfluss des westfälischen Adels schon in den letzten Jahrzehnten des 19. Jahrhunderts stark abnimmt (s. Wahlen S. 150).[247]
Schwester Placida, Pflegerin der katholikenfreundlichen Kaiserin Augusta, ist am 18. April 1906 als Oberin des Clemenshospitals in Münster verstorben. Mit ungewöhnlicher Feierlichkeit wird sie zu Grabe getragen. Ihre Beerdigung wirkt wie ein Staatsbegräbnis. Kirchliche und weltliche hohe Würdenträger, darunter der bischöfliche Generalvikar und auch der Oberpräsident der Provinz Westfalen begleiten den Trauerzug. Das Offizierskorps und eine Militärkapelle der preußischen Garnison und eine „übergroße Zahl von Trauergästen aus allen Schichten der Bevölkerung"[248] schließen sich dem Zug an. Die einen deuten diese großartige Bekundung der Verehrung als späte Demonstration gegen die Zwangsmaßnahmen der vergangenen Jahre, andere sehen darin ein Zeichen der Wiedergutmachung.

Zum Schluss bleibt die Frage nach dem Staat Preußen. In den sehr polemisch geführten Auseinandersetzungen in der Öffentlichkeit haben Sprecher der Katholiken immer wieder die „Ewigkeit" der Kirche betont, was mit zahlreichen Bibelstellen belegt wird. „Ewig" ist in diesem Zusammenhang ein Begriff, der in vielen Kirchenliedern auftaucht. Die Katholiken haben den Kulturkampf als Versuch seitens des preußischen Staates gedeutet, die katholische Kirche zu zerstören. Der protestantische Politiker Ernst Ludwig von Gerlach, zeitweilig Mitglied des Zentrums und ein Gegner Bismarcks, schreibt, die Kirche habe achtzehn Jahrhunderte bestanden, dagegen erscheine Preußen samt seiner Kaiserkrone wie eine Eintagsfliege.[249] Rechnet man

---

247 Gründer, S. 161.
248 AdBS, Kirche und Leben, 29.4.1990, S.13.
249 Zit. nach Weber, S. 64.

vom Höhepunkt des Kulturkampfes an, also von 1875, existiert die preußisch-deutsche Monarchie der Hohenzollern noch 43 Jahre. Und Preußen besteht als demokratisches Land in der Weimarer Republik danach noch 27 Jahre.

In der katholischen Kirche vollziehen sich entgegen den Zielen Pius' IX. Änderungen. 1891 hat Leo XIII. in seiner Sozialenzyklika „Rerum novarum" die Lösung sozialer Probleme angemahnt. Er erachtet die Mitwirkung des Staates zur Lösung der sozialen Frage als notwendig. Diese Enzyklika initiiert die katholische Soziallehre.

In der Zeit der fest gefügten Front der Katholiken im Kulturkampf sind die unterschiedlichen Auffassungen innerhalb der Kirche nur übertüncht worden. Die Tendenzen in der katholischen Kirche verstärken sich, die für die Kirche weniger Macht und Einfluss in der Welt erstreben. Jetzt gewinnt mehr und mehr die Richtung an Boden, die die straffe Hierarchie einschränken will, die die Wissenschaft vom fest gefügten dogmatischen System lösen will. Vielmehr soll die Kirche sich auf ihre religiösen seelsorgerischen Aufgaben besinnen. Damit beginnt in der Kirche ein Wandlungsprozess, der seinen Höhepunkt im Zweiten Vatikanischen Konzil findet. Dieses Konzil stellt sich in bewusstem Gegensatz zum 1. Vatikanum und den Ideen Pius' IX. Es legt gezielt den Schwerpunkt auf die humane Botschaft des Neuen Testamentes. Die christliche Wahrheit soll durch Dialog ausgesagt, die Kollegialität des Episkopats betont werden, dogmatische Sätze im Sinne ihrer Orientierung auf das Verständnis des gegenwärtigen Zeitalters aktualisiert werden.

Ein Ausblick

In der Chronik des Werner Kapuzinerklosters gibt Pater Kilian der Hoffnung Ausdruck: „Möge eine dritte Aufhebung des Klosters in Werne niemals erfolgen". In dem Vertrag der Stadt Werne von 1869 mit dem Grafen von Merveldt nehmen die juristischen Konsequenzen für den Fall, dass das Kloster verlassen wird oder dass die Kapuziner „vertrieben" werden, einen großen Raum ein. 1899 ist eine dreißigjährige Verpachtungsfrist abgelaufen. Jetzt schließt die Stadt einen Verpachtungsvertrag mit dem Bischof von Münster, der ebenfalls die Nutzungsrechte den Kapuzinern überlässt. Auch in diesem Vertrag spielt die juristische Vorsorge für den Fall einer „Auflösung" eine umfangreiche Rolle. Doch 1919 werden dann Befürchtungen um eine erneute Vertreibung gegenstandslos. Nach dem ersten Weltkrieg hat die Hohenzollerndynastie abgedankt. Aus dem Königreich Preußen wird das demokratische Land Preußen in der Weimarer Republik. In der neuen demokratischen Verfassung Deutschlands sind wichtige Rechte auch für die Kirchen festgeschrieben, kirchliche Freiheitsrechte, die auch im Kulturkampf von den Katholiken erkämpft worden sind.

Im Dezember 1919 trifft im Werner Bürgermeisteramt ein Dienstschreiben aus Berlin ein. Art. 111 und Art. 124 der neuen Reichsverfassung enthielten die Niederlassungs- und Vereinsfreiheit. Daher seien alle Beschränkungen und Sonderbestimmungen für geistliche Orden der katholischen Kirche nicht mehr anwendbar. Die katholischen Orden bedürften keiner Genehmigung mehr, die Personenbestandsnachweise und die Begrenzung der Zahl der Klosterinsassen fielen weg.[250] Jegliche Kontrolle der Orden ist aufgehoben.

---

250 StAWe, CVII 148, 31.12.1919; C V III 8.

Literaturverzeichnis

Quellen

Bistumsarchiv Münster (**BAM**)
- Best. II A Pfarreien
  - Pfarrarchiv Werne A 31, A 32, A 283, A 485, A 642
- Sonntags-Blatt für katholische Christen, Jahrgänge
  1873 bis 1876
- Kleruskartei
Kirchliches Amtsblatt der Diözese Münster 1875

Provinzialarchiv der Rhein.-Westf. Kapuzinerprovinz Koblenz
(**PAK**)
- Chronik Kapuzinerkloster Werne 1875 (**ChroWe**)
- Personalkatalog 1872, 1888
- Schriften Pater Kilian Müller

Staatsarchiv Münster (**SA**)
- Best. A Kreis Lüdinghausen, Landratsamt (**LRLü**)
- A 41, A 165, A 316, A 1115, A 1320
- Best. Oberpräsident Münster (**OP**)
- 1404, 1406, 1601/2, 1923, 2030/1, 20130/2 2123/1

Stadtarchiv Werne (**StAWe**)
- Best. C I 17 -25, C II (Akten der Stadt Werne 19.Jh.) 503, 518,
  530, 542
- CVII 147, 148
- Best. C V III 8, 156
- Best. D I 165 b
- Best. D IV (Akten des Amtes Werne 19.Jh.) 8, 490, 501, 624, 634,
  643

Stadtarchiv Münster (**StAMS**)
  - Westfälischer Merkur 1875 (Mikrofilm)
  - Münsterischer Anzeiger (Mikrofilm)

Westfälisches Archivamt (**WAA**)
- Haus Sandfort, Wedel C 112, 152, 154, Tagebuch

Archiv der Barmherzigen Schwestern, Münster (**AdBS**)
- Kirche und Leben, Münster 1990, 2 u. 17
- Schneider, Thekla, Lebensbild: Schwester Placida

Fachliteratur

Clark, Christopher, Preußen. Aufstieg und Niedergang. 1600- 1947, München 2007, 7. Aufl.

Blackbourn, David, Volksfrömmigkeit und Fortschrittsglaube im Kulturkampf, Stuttgart 1988

Breuer, Klaus, Die Westfälische Provinzialkirche im Zeitalter von Liberalismus und Kulturkampf, 1861 – 1879, Bielefeld 1984

Falter, Julius, Der preußische Kulturkampf von 1873 - 1880 mit besonderer Berücksichtigung der Diöcese Paderborn, Paderborn 1900

Ficker, Ludwig, Der Kulturkampf in Münster. Aufzeichnungen des Kreisgerichtsrates u. Stadtrates Ludwig Ficker, bearb. u. veröff. von Otto Hellinghaus, Münster 1928

Franz, Georg, Kulturkampf. Staat und katholische Kirche in Mitteleuropa von der Säkularisation bis zum Abschluß des preußischen Kulturkampfes, München 1954

Franz- Willing, Georg, Kulturkampf gestern und heute, München 1971

Fuhrmann, Horst, Überall ist Mittelalter, München 1996

Gründer, Horst, „Krieg bis aufs Messer". Kirche, Kirchenvolk und Kulturkampf (1872 - 1887), in: Geschichte der Stadt Münster, hrsg.

von Franz-Josef Jakobi, Bd. 2, Münster 1993, 2. Auflage, S. 131 – 165

Häger, Peter, Klöster nach dem Kulturkampf, Paderborn 1997

Heidrich, Christian, Katholische Neusser Presse und Vereine im Kulturkampf, Neuss 1994

Hiepel, Claudia, Der Kulturkampf im Ruhrgebiet: Sozialer und konfessioneller Konflikt, in: Hermans, Baldur (Hrsg.), „Am Weihwasser die Finger verbrannt", Essen 2000, S. 31 - 46

Hürten, Heinz, Kurze Geschichte des deutschen Katholizismus 1800 - 1960, Mainz 1986

Keinemann, Friedrich, Ancien Regime, Kulturkampf, Nachkriegszeit, Hamm 1974

Kullmann, Willibald, Ein Kulturkampfpriester. Leben und Erinnerungen des Franziskaner Paters Cölestin Lemper, Warendorf 1927

Kühne, Thomas, Handbuch der Wahlen zum preußischen Abgeordnetenhaus, 1867 – 1918, Düsseldorf 1994

Lange, Josef, Die Stellung der überregionalen katholischen deutschen Tagespresse zum Kulturkampf in Preußen (1871 - 1878), Frankfurt/M 1974

Massenkeil, Joseph, Der Westfälische Merkur, Münster 1914

Mertens, Heinrich, und Limbach, Josef, Aus der Geschichte des Kreises Lüdinghausen, Selm 1974

Morsey, Rudolf, Bismarcks Kulturkampf gegen das Zentrum und gegen die katholische Kirche, in: Hermans, Baldur (Hrsg.), „Am Weihwasser die Finger verbrannt", Essen 2000, S. 7-30

Müller, Kilian, Gründungs- und Baugeschichte des Kapuzinerklosters in Werne, in Heimatkalender Lüdinghausen 1928

Naarmann, Margit, Die Bischofsstadt Paderborn im Kulturkampf 1871 - 1882, Paderborn 1992

Nipperdey, Thomas, Deutsche Geschichte 1866 - 1918, Bd. 2., Machtstaat vor der Demokratie, München 1992

Schmidt- Volkmar, Erich, Der Kulturkampf in Deutschland 1871 - 1890, Göttingen, Berlin 1962

Scholle, Manfred, Die preußische Strafjustiz im Kulturkampf 1873 - 1880, Marburg 1974

Schürmann, J., Johann Bernhard Brinkmann im Kulturkampf. Erinnerungen, abgedruckt in: In Cruce Salus. Gedenkschrift anlässlich des 100. Todestages des Bekennerbischofs Johann Bernhard Brinkmann 1870 - 1889, hrsg. v. Pfarrgemeinderat Everswinkel, Warendorf 1989

Schwarze, Anke Barbara, Pfarrkirche St. Christophorus, Nazarener-Fenster und Herz-Jesu-Fenster; www.christophorus-werne.de/menschen-orte/kirchen/st-christophorus-pfarrkirche

Siegfried, Nikolaus, Actenstücke betr. den preußischen Kulturkampf nebst einer geschichtlichen Einleitung, Freiburg i. B. 1892

Sommer, L., Der Kulturkampf und seine Wirkungen in der Diözese Hildesheim (1871 - 1886), Hildesheim 1912

Strötz, Jürgen, Der Katholizismus im deutschen Kaiserreich 1871 bis 1918, Teil 1: Reichsgründung und Kulturkampf (1871 – 1890), Hamburg 2005

Weber, Christoph, Kirchliche Politik zwischen Rom, Berlin und Trier 1876 - 1888. Die Beilegung des preußischen Kulturkampfes, Mainz 1970

Wolf, Hubert, Pius IX. und die Erfindung des Katholizismus im 19. Jh., München 2020

Bildnachweise

Umschlaggestaltung: A. Schwarze; Fotos: A. Schwarze; K.-H. Schwarze; Universitätsbibliothek Heidelberg, Wilhelm Scholz, „Zwischen Berlin und Rom", am 16. 5. 1875 im „Kladeradatsch" (digital).

S. 3, 12: Universitätsbibliothek Heidelberg, Wilhelm Scholz, „Zwischen Berlin und Rom", am 16. 5. 1875 im „Kladeradatsch" (digital).

S. 14: Bundesarchiv, Bild 183-R15449, Bismarck (Bild links), Fotograf o. Ang.;
Bistumsarchiv Münster, Pius IX. (Bild rechts).

S. 17: Zentral- und Landesbibliothek Berlin, digitalisiert, Gustav Heil, „Die Nacht am Rhein" in Berliner Wespen, Nr.11 vom 1871 -03-17.

S. 21: Bistumsarchiv Münster, Gemälde „Bischof Brinkmann", Repro K.-H. Schwarze.

S. 23: Pfarrbüro St. Christophorus in Werne, Gemälde „Pfarrdechant Overhage", Repro K.-H. Schwarze.

S. 39: Preußischer Kürassier, Verein historischer Uniformen, www.historische-uniformen.de.

S. 47: Bilder im Privatbesitz, Schloss Drensteinfurt und Schloss Sandfort, Repro K.-H. Schwarze.

S. 87: Projekt „Anno" der Österreichischen Nationalbibliothek, digitalisiert, „Alles unter einen Hut", im Kikeriki vom 22. 8. 1970.

S. 94 Wikimedia Commons/gemeinfrei, Brinkmann und Kühlwetter, Historische Fotos, Urheber o. Ang.

S. 118 Bistumsarchiv Münster, Leo XIII.

S. 119 Universitätsbibliothek Heidelberg, Wilhelm Scholz, „Fußkuss", am 18. 3. 1878 im „Kladeradatsch" (digital).

S. 127 Bistumsarchiv Münster, Rückkehr des Bischofs Brinkmann.

S. 135 Bundesarchiv, Bild 102-18446, Loescher, P. & Petsch, Bismarck (Bild links).

S. 136 Bild im Privatbesitz, C. Overmann, Repro K.-H. Schwarze.

S. 137 Bilder im Privatbesitz, Schloss Drensteinfurt und Schloss Sandfort, Repro K.-H. Schwarze.

S. 9, 51, 53, 56, 59, 60, 68, 79, 90, 92, 107, 123, 132, 134, 135 (Bild rechts) eigene Aufnahmen K.-H. Schwarze.

S. 10, 33, 36, 40, 43, 45 - Quellen (siehe Fußnoten im Kontext).

Register

Wahlergebnisse

Konfessionszugehörigkeit 1878 in Werne Stadt
von 459 Wähler sind

katholisch	jüdisch	evangelisch
436	18	5
94,92%	3,92%	1,09%

(StAWe, C I 22-23)

Reichstagswahlergebnisse 1871 – 1812 (in Auswahl)
Zahl der Mandate

	1871	1874	1877	1878	1881	1890	1893	1903	1912
Konservative	57	22	40	59	50	73	72	54	43
Reichspartei	37	33	38	57	28	20	28	21	14
Nationalliberale	125	155	128	99	47	42	53	51	45
Fortschritt	46	49	35	26	60	66	37	30	42
Zentrum	63	91	93	94	100	106	96	100	91
Sozialdemokraten	2	9	12	9	12	35	44	81	110
Sonstige	13	29	29	29	33	31	43	36	37

(Zahlen nach Nipperdey, Bd.II, S. 315 und 522)

Der Kandidat des Zentrums, Ignatz Freiherr von Landsberg-Velen zu Drensteinfurt, erhält bei den Reichstagswahlen 1878 in Werne Stadt 87,3 % Stimmen. Im Amt Werne gewinnt er von 530 gültigen Stimmen 520; das sind 98,11 %. Im Wahlkreis wird Landsberg mit ähnlich hohen Ergebnissen bei allen Wahlen von 1874 bis 1887 direkt in den Deutschen Reichstag gewählt (StAWe, D IV 621, 622, 623). 1890 verliert Landsberg die Reichstagswahl. Er erhält im Wahlkreis Lüdinghausen-Beckum-Warendorf nur 31 % der Stimmen. Gewählt wird aber nicht etwa ein Kandidat einer anderen Partei. Zwei Zentrumskandidaten stehen zur Wahl. Ein Bürgerlicher tritt gegen den bisherigen offiziellen adeligen Zentrumskandidaten an. Da das Zentrum 46 Wahlkreise immer mit absoluter Mehrheit gewinnt, müssen Interessenkonflikte innerparteilich geklärt werden. Gewählt wird für das Zentrum Heinrich Wattendorf, ein Bürgerlicher.

Der Kandidat der Fortschrittspartei, Graf Johann Wilhelm von Wedel, erhält nach 1871 jeweils nur wenige Stimmen in Werne. Vor allem die 18 bis 20 jüdischen Wähler haben für die Fortschrittspartei gestimmt. Vornehmlich den Liberalen hatten die Juden ihre Emanzipation zu verdanken. In Werne gibt es dann von 1887 bis 1898 bei vier Reichstagswahlen, außer teils einer Stimme, nur Stimmen für Zentrumskandidaten. Da unter diesen Wählern auch einige Juden sind, ist ersichtlich, dass sie für die katholische Partei gestimmt haben. Das hat auch damit zu tun, dass sich Windthorst, der Führer des Zentrums, mehrfach im Reichstag gegen antisemitische Aktionen ausgesprochen hat.

Wahlergebnisse zum Preußischen Abgeordnetenhaus (Jahre in Auswahl)
(insgesamt 433 Sitze)

Partei/Jahr	1870	1873	%	1876	1879	1882	1885
Konservative	114	32	7,4	38	108	121	133
Reichspartei	63	46	10,6	39	62	63	67
National-Liberale	126	175	40,4	178	105	68	71
Fortschrittspartei	55	72	16,6	73	40	61	44
Zentrum	51	86	19,9	85	95	97	98
Sozialdemokraten	0	0	0	0	0	0	0
Sonstige	19	21	4,9	20	23	23	20

(Nach: Kühne, Abgeordnetenhaus)